Michael Engel

888 teuflisch gute Witze

Michael Engel

888

teuflisch gute Witze

Anaconda

Verlagsgruppe Random House FSC® N001967

Die Deutsche Nationalbibliothek verzeichnet
diese Publikation in der Deutschen Nationalbibliografie;
detaillierte bibliografische Daten sind im Internet unter
http://dnb.d-nb.de abrufbar.

Umschlaggestaltung: Olaf Schumacher
Satz und Layout: www.paque.de
Druck und Bindung: GGP Media GmbH, Pößneck
Printed and bound in Germany
ISBN 978-3-7306-0916-3
www.anacondaverlag.de

Inhalt

Für Judith, Philipp und B.,
deren Lachen ich so liebe!

Vorwort

Liebe Freunde des guten Humors,

Frohsinn und Spaß spielen in unserer Gesellschaft eine große Rolle. Bereits Sigmund Freud schrieb in einer Analyse des Witzes, dass berühmte Persönlichkeiten Witze in ihre Biografien aufgenommen haben. Und wie nett ist es doch, in einer Runde einen guten Witz zu erzählen! Wie langweilig hingegen, wenn ein Mensch denkt, er sei ein guter Unterhalter, wenn er eine Stunde lang pausenlos Witze zum Besten gibt.

Ja, es ist auch dies eine Kunst, im richtigen Moment einen passenden Witz zu kennen. Die Betonung liegt auf dem Wort »passend«.

Natürlich kann man – wenn man einen neuen Witz gehört hat – diesen seinen Freunden weitererzählen, doch weit besser ist es, einen dem Thema entsprechenden Witz parat zu haben.

Bei einer Hochzeit scherzt man über das Brautpaar. Ist ein Jurist oder ein Bäcker in der Runde, spaßt man über deren Berufe. Wirklich lustig ist ein Witz nämlich erst, wenn er gerade passt.

Dieses Buch wird Sie nicht nur beim Lesen sehr unterhalten, sondern Ihnen auch dienen, um bei der nächsten Konferenz, beim Familientreffen oder am Stammtisch eine passende Pointe beizusteuern beziehungsweise eine amüsante Rede zu halten.

Ich bin seit über 20 Jahren als Entertainer tätig und habe hier nicht einfach ein paar Scherze zusammengetragen, sondern nur getestete Witze, und zwar solche, die großartige Reaktionen herbeigerufen haben. Weiters habe ich darauf geachtet, keine allzu bekannten Pointen zu erzählen, also keine, die – wie es so schön heißt – »einen Bart haben«, und selbstverständlich keine ordinären Witze, denn es gibt, wie Sie sehen werden, genügend andere, die sehr lustig sind!

Ich garantiere Ihnen, dass Sie dadurch noch beliebter werden und gern gesehener Gast in Runden, denn Sie verstehen es, niveauvoll für Stimmung zu sorgen. Ideal ist es dafür übrigens, einen Witz ohne spezielle Ankündigung in das Gespräch einfließen zu lassen.

Ich muss Ihnen jetzt nicht viel Spaß bei der Lektüre wünschen, denn der ist garantiert!

Michael Engel

Der »gute Ton«
beim Witzerzählen ———

Langweilen Sie nicht!

Erzählen Sie nicht pausenlos Witze! Ein, zwei gute, passende Pointen sind an einem Abend genug. Humor heißt nicht, dass man einen Witz nach dem anderen erzählt, sondern eben, dass man in einer gewissen Situation bei einem bestimmten Unterhaltungsthema etwas Lustiges, aber Passendes beizutragen hat.

Kränken Sie niemanden!

Falls Sie ein »Opfer« in der Runde benötigen, um eine gute Pointe anbringen zu können, dann machen Sie den Witz über sich selbst! Sie haben es doch nicht nötig, sich auf Kosten anderer beliebt zu machen. Und ganz wichtig ist, dass Sie niemals eine Pointe über einen Anwesenden machen. Wenn es etwa bei einer Hochzeit um einen Bräutigam-Witz geht, dann sollte klar hervorgehen, dass damit nicht der Anwesende gemeint ist. Oder machen Sie den Witz über sich selbst. Nochmals: Sie haben es nicht nötig, Lacher zu bekommen, indem Sie sich über einen anderen Menschen in der Runde lustig machen!

Keine Pointen stehlen

Wenn jemand einen Ihnen bekannten Witz erzählt, harren Sie aus und sagen Sie nicht »kenn ich«. Noch schlimmer ist es, kurz vor Ende die Pointe laut zu sagen. Wenn Sie dem Erzähler unbedingt mitteilen wollen, dass Sie diesen Witz auch kennen, nicken Sie einfach lächelnd, um zu zeigen, dass Sie wissen, was jetzt kommt. Das gleiche gilt für Witze, deren Pointe man sich »ausrechnen« kann: Nehmen Sie sie nicht vorweg. Sollte Ihnen jemand die Pointe stehlen, reagieren Sie streng und nicht bösartig oder zornig, aber so, dass derjenige dies nie mehr macht.

Unterscheiden Sie zwischen Profi und Amateur

Falls Sie mit dem Witzerzähler allein sind, dann gilt: Ist dies ein humoriger Freund, der Ihnen einen Witz nicht nur erzählen, sondern mitteilen will: Sie können ihn unterbrechen und sagen, dass er Ihnen bekannt ist. (Oder, wenn es ein besonders langer und anstrengend zu erzählender Witz ist, können Sie ja auch das Ende abwarten und dann erst sagen, dass Sie ihn bereits kannten – auch das bringt Humor in die Runde.) Ist es eine etwas introvertierte Person, die alle zwei Jahre einmal einen Witz erzählt: Lassen Sie sie ausreden, gönnen Sie ihr die Freude, auch wenn Sie den Witz seit Ewigkeiten kennen!

Auf das Tempo achten

Halten Sie die Witze kurz, vergessen Sie aber keine wesentlichen Details, oft spielt jedes Wort eine Rolle, um die Situation wirklich lustig werden zu lassen. Setzen Sie manchmal kurze Pausen, um dann das Unerwartete umso mehr zu betonen! Witze, bei denen ab einem gewissen Moment die Pointe voraussehbar ist, müssen Sie schneller erzählen, um den Überraschungseffekt zu haben und niemanden zu verleiten, diese unbeabsichtigt vorwegzunehmen. Wichtig ist natürlich, auf das Erzähltempo zu achten, das Ihren Zuhörern angepasst sein muss. Ebenso wichtig ist die Knappheit, die aber alles Wesentliche in der richtigen Reihenfolge enthalten muss. Lernen Sie den Witz nicht auswendig, erfassen Sie die Pointe sowie den Aufbau, und erzählen Sie ihn frei mit Ihren eigenen Worten. Oder bauen Sie ihn einfach ohne besondere Ankündigung als eine Art Stegreifpointe nebenbei in Ihr Gespräch ein.

Beispiel:
Zwei Gärtner unterhalten sich. »Es heißt ja, dass es Pflanzen gut tut, wenn man mit ihnen spricht.« – »Okay. Dann gehe ich jetzt nach hinten und beleidige das Unkraut!«

Wenn Sie dies so erzählen, haben Sie einfach einen Witz, den Sie in einer Illustrierten oder so gelesen haben, auswendig gelernt und zum Besten gegeben. – Langweilig!

Warten Sie also, bis das Thema auf Pflanzen kommt, notfalls loben Sie einfach jene der Hausfrau, bei der Sie zu Gast sind!

Dann sagen Sie: Als ich übrigens meiner Nachbarin erklärt habe, dass es Pflanzen gut tut, wenn man mit ihnen spricht, hat sie kurz gestaunt und dann gesagt: »Okay. Dann gehe ich jetzt nach hinten und beleidige das Unkraut!«

Welcher Witz?

Es ist ein Zeichen eines guten Entertainers, dass er weiß, welcher Witz in welcher Runde angebracht ist. Dieses Buch bereitet Sie auf jede Art von Zuhörern vor: Kinder, Senioren, Freunde des schwarzen Humors, gebildete Menschen und einfachere Geister. Beachten Sie auch, dass einige Witze von mir etwas sanfter formuliert wurden, da sicher auch Jugendliche dieses Buch lesen werden. Sollten Sie sich also in einer fröhlichen Männerrunde befinden, dann erzählen Sie die gleiche Pointe einfach mit passenden Worten.

Der »gute Ton«

Berufe

Es gibt natürlich für einzelne Berufsgruppen spezifische Witze, etwa über Polizisten, andererseits existieren auch Witze, die man auf jede Berufsgruppe anwenden kann – dem Leser wird es leicht gelingen, einen solchen passend umzuformulieren.

Wenn Sie also wissen, dass heute Abend in Ihrer Gesellschaft ein Anwalt oder ein Installateur anwesend ist, dann bereiten Sie sich vor. Erzählen Sie den Witz in einem passenden Moment! Beleidigen Sie aber niemanden. Falls Sie meinen, dass der Angesprochene gekränkt sein könnte, dann erzählen Sie: »Das erinnert mich an einen Installateur, der ...!«

Beachten Sie, dass Sie hier vielleicht einen Witz kennenlernen, den Sie gar nicht so lustig finden, aber glauben Sie mir, für die Berufsgruppe selbst ist er lustig.

Chefs unter sich: »Schon wieder eine neue Sekretärin?« – »Ja, ich hatte es satt mit der alten! Dauernd fragte sie mich: ›Wie schreibt man dies, wie schreibt man das? Was ist dies, was ist das?‹ Jedes Mal musste ich im Lexikon nachsehen!«

Warum tragen viele *Beamte* eine Brille? Damit sie sich beim Einschlafen nicht mit dem Bleistift ins Auge stechen können.

»Eigentlich schade, dass Sie uns verlassen. Sie waren wie ein Sohn für mich«, sagt der Chef zum scheidenden *Mitarbeiter*. »Aufsässig, undankbar und nie um eine Ausrede verlegen!«

Ein moderner *Komponist* trifft bei der Uraufführung seiner ersten Oper einen Bekannten und fragt ihn, wie ihm das Werk gefallen hat. Der sagt: »Diese Oper wird noch gespielt werden, wenn alle großen Komponisten längst vergessen sind. Aber nicht früher!«

Kommt ein *Betrunkener* zum Fotografen und sagt lallend: »I hätt' gern a Gruppenfoto von mir.« Darauf der *Fotograf* (auch lallend): »Na dann stellens ihna amoi im Halbkreis auf!«

Richter: »Angeklagter, was haben Sie vor vier Jahren, am 17. Juni, um 14.25 Uhr gemacht?« Angeklagter: »Ich erinnere mich ganz genau. Mit einem Auge blickte ich auf eine Uhr und mit dem anderen auf den Kalender.«

Ein *Beamter* sitzt in seinem Büro und aus reiner Langeweile beschließt er, in den Keller zu gehen und dort eine Abstellkammer zu durchstöbern. Er entdeckt eine alte Lampe. Als er sie vom Staub reinigt, erscheint ihm plötzlich eine Fee, die ihm drei Wünsche erfüllen will. Zuerst wünscht er sich ein gutes Eis. Na ja, etwas phantasielos halt. »Piff« – er bekommt es, und dann fällt ihm plötzlich ein zweiter Wunsch ein: »Ich will auf einer Insel sein, auf der es nur hübsche, *nymphomanisch* veranlagte Frauen gibt!«

Und »Piff« – auch dieser Wunsch geht in Erfüllung und er ist plötzlich auf einer Insel mit hübschen, nymphomanischen Frauen. Als Drittes wünscht er sich, dass er nie wieder arbeiten muss – und »Piff« befindet er sich wieder in seinem Büro.

Schon gehört vom Spiel *Beamten*-Mikado?
Wer sich zuerst bewegt, verliert.

Warum darf in Ämtern die Mittagspause nie länger als 60 Minuten dauern?
Damit man die *Beamten* nicht jedes Mal neu anlernen muss!

Ein etwas älterer Professor sitzt in der Mensa und isst zu Mittag. Ein *Student* setzt sich ungefragt ihm gegenüber. Etwas verärgert meint der Professor: »Also, seit wann essen denn Adler und Schweine an einem Tisch?« Darauf der Student: »Okay, dann flieg ich halt weiter …«

Warum arbeiten *Maurer* nur sechs Monate im Jahr?
Weil in den anderen sechs Monaten das Bier gefroren ist.

Zwei Indianer gehen zum Medizinmann und fragen ihn, wie der Winter wird. Der Medizinmann wirft ein paar Steine in die Luft und sagt: »Es wird ein kalter Winter. Geht in den Wald und sammelt viel Holz.« Am nächsten Tag kommen wieder einige Indianer und fragen ihn wieder, wie der Winter wird. Er wirft wieder die Steine in die Luft und sagt: »Es wird ein kalter Winter. Geht in den Wald und sammelt viel Holz.« Die nächsten Tage kommen immer wieder Indianer, auch von anderen Stämmen, und fragen ihn, wie der Winter wird. Jedes Mal wirft er die Steine und sagt: »Es wird ein kalter Winter. Geht in den Wald und sammelt viel Holz.« Schließlich überlegt er sich, ob das auch stimmt, was er da erzählt, und schleicht hinunter in eine Stadt und fragt einen *Meteorologen*, wie der Winter wird. Dort bekommt er zur Antwort: »Es wird ein kalter Winter. Du siehst ja, die Indianer sammeln Holz wie die Verrückten.«

Der *Pathologe* weiß alles und kann alles. Aber zu spät.

Zwei *Pfarrer* unterhalten sich über die Kollekte.
Der erste meint: »Ich nehme mir immer die Scheine raus, das sind nicht sehr viele, und das Kleingeld bekommt der Herr.«
Sagt der zweite: »Also ich mache das anders: Ich nehme die ganze Kollekte, werfe sie hoch und sage: ›Nimm, Herr, was du brauchst.‹ Und was wieder herunterfällt, gehört mir.«

Der *Kfz-Meister* erklärt seinem Lehrling kurz vor Abschluss der Lehrzeit: »Das Einzige, was du jetzt noch lernen musst, ist ein entsetztes Kopfschütteln beim Öffnen der Motorhaube.«

Ein *Börsianer* erklärt seinen Kindern die Börse. »Es ist wie auf einem Bauernhof. Du kaufst einen Hahn und ein Huhn, das Huhn legt Eier. Die Eier werden zu Hühnern und Hähnen, die Hühner legen wieder Eier – und schon hast du einen großen, wertvollen Hühnerbestand.« – »So einfach ist das?« – »Ja!« – »Nur, jetzt kommt ein gewaltiges Unwetter und spült alles weg.« – »Enten hättest du kaufen müssen!«

Was ist der Unterschied zwischen *Beamten* und Terroristen?
Terroristen haben Sympathisanten und man kann mit ihnen verhandeln.

Frau zum *Frauenarzt*: »Herr Doktor, ich habe starke Unterleibsschmerzen.« – »Lassen Sie mal sehen … ganz klar – Sie haben zu wenig Sex. Aber ich kann Ihnen helfen.« Der Arzt zieht sich aus und liebt die Frau. Danach schickt er sie zu seinem Kollegen einen Raum weiter, der soll sich das lieber auch noch mal anschauen.
Der Kollege stellt dieselbe Diagnose und schlägt dieselbe Therapie vor. Auch dieser schickt sie zu seinem Kollegen einen Raum weiter, damit der sich das noch mal anschaut.

Die dritte Diagnose lautet: »Ganz klar, Sie haben zu viel Sex!« – »Aber Ihre Kollegen haben gesagt, ich hätte zu wenig Sex!« – »Ach junge Frau, hören Sie doch nicht auf die *Maler*.«

Friseur zum Kunden: »Waren Sie schon einmal bei uns?«
Kunde: »Nein, die Narben habe ich aus dem Krieg!«

Ein neuer *Busfahrer* ruft in der Zentrale an: »Der Rückspiegel ist verbogen!« Zentrale: »Deswegen brauchen Sie nicht anzurufen, biegen Sie ihn einfach wieder gerade!« Busfahrer: »Das geht nicht, der Bus liegt drauf!« Zentrale: »Wie ist denn das passiert!« Busfahrer: »Na, da kam eine Kurve ,,,!« Zentrale: »Und weiter?« Der Busfahrer voll in Panik: »Ich weiß auch nicht, ich war gerade hinten beim Kassieren!«

»Na also«, lobt der Direktor die neue *Sekretärin*, »wer sagt's denn. Das geht doch schon prima. Nur zweimal verschrieben … da wollen wir aber rasch das nächste Wort versuchen …«

Der *Angestellte* zum Chef: »Wenn Sie mir dieses Jahr abermals keine Gehaltserhöhung geben, erzähle ich allen Kollegen, ich hätte eine bekommen!«

Was sind 1.000 *Rechtsanwälte* aneinandergekettet auf dem Meeresgrund?
Ein guter Anfang …

Berufe

Gerade ist eine Brücke fertig geworden. Der Bauherr und sein *Bauingenieur* schauen sich zufrieden ihr Werk an. Um zu testen, ob die Brücke auch wirklich stabil ist, kommen 500 Bauarbeiter auf die Brücke gelaufen und fangen an, darauf rumzuhüpfen ... Auf einmal bröselt es an mehreren Stellen, und die Brücke stürzt ein. Ein riesiges Spektakel, eine große Staubwolke. Dem Bauherren fällt die Kinnlade runter, er weiß nicht, was er sagen soll. Da sagt der Bauingenieur: »Ein Glück, dass wir nicht so viel Zement genommen haben, sonst wäre der jetzt auch futsch ...«

»Warum ist denn unser *Star* so böse?«, fragt ein Bühnenarbeiter seinen Kollegen. »Sie hat doch ohnedies acht Blumensträuße bekommen.« – »Ja, schon, aber sie hat zehn bestellt und bezahlt!«

»Mein Mann arbeitet seit drei Wochen in einer *Brauerei*«, erzählt Frau Vrana ihrer Freundin. »Und, wie gefällt es ihm?« – »Weiß ich noch nicht, er war seither nicht wieder zu Hause.«

Friseur zum Lehrling: »Warum hast du so schmutzige Hände?« – »Na ja, es war heute noch keiner zum Haare waschen da!«

Der alte Herr zeigt dem *Schaffner* seine Fahrkarte. »Aber das ist ja ein Kinderbillett!« – »Da können Sie mal sehen, wie lange ich auf den Zug gewartet habe.«

Seufzend gibt das Filmsternchen dem *Regisseur* zu verstehen: »Es gibt fünf Stellen, an denen ich gerne geküsst werden möchte!« Erwartungsfroh fragt er: »So? Und die sind?« – »Rom, Madrid, Paris, New York und Tokio!«

Drei *Taschendiebe* verlassen ein Juweliergeschäft. »Den herrlichen Ring mit dem Zweikaräter hätte ich gern mitgenommen«, sagt der erste schwärmerisch. »Ich hab ihn!«, triumphiert der zweite. Verbessert ihn der dritte: »Denkste!«

Wendet sich der *Regisseur* an den Kritiker: »Sagen Sie, wie hat Ihnen mein Stück gefallen – aber ehrlich!« – »Wollen wir nicht lieber Freunde bleiben ?«

Der *Museumsführer* im Vorgeschichtlichen Museum macht seine Gruppe auf ein Knochengerüst aufmerksam: »Diese Knochen, meine Herrschaften, sind jetzt 3.002 Jahre alt!« – »Und das wissen Sie so exakt?«, wundert sich eine Besucherin. »Ja, denn als ich vor zwei Jahren hier anfing, waren sie 3.000 Jahre alt!«

»Wie lange hält dieser Zug?«, wendet sich ein Fahrgast an den *Schaffner*. Meint dieser: »Nun, bei guter Pflege, so 15 bis 20 Jahre!«

Schaffner: »Ihren Fahrausweis bitte.« Darauf der Fahrgast etwas grantig: »Könnte ja jeder kommen – besorgen Sie sich doch selber einen!«

»Ihr Beruf?« – »*Tontechniker*« – »Immer diese Fremd-wörter. Sagen Sie doch einfach ›Töpfer‹!«

Der *Schaffner* entdeckt einen Mann, der es sich im Gepäcknetz gemütlich gemacht hat. »Kommen Sie sofort da raus! Da haben Sie überhaupt nichts zu su-chen!«, brüllt er ihn an. »Ja, aber, wieso denn – schließlich habe ich doch eine Netzkarte!«

Der übermüdete *Spätnachrichtensprecher* im Fern-sehen hält einen Zettel vor die Kamera und sagt zu den Zuschauern: »Wenn Sie netterweise die Spät-nachrichten selber lesen würden.«

Morgengrauen in Wien. Auf einer Donaubrücke steht ein junger Mann und macht alle Anstalten, sich in selbstmörderischer Absicht in die Fluten zu stürzen. In diesem Augenblick kommt ein *Polizist* daher, über-blickt die Situation und sagt: »Geh weiter, Freunderl, lass den Blödsinn. Wannst jetzt da abi springst, müsst i dir nach Vorschrift nachhupfen. I würd klatschnass, und wir müssten mindestens eine Stund' warten, bis der Sanitätswagen kommt. Mei, hätten wir eine Lungenentzündung. Und erst die Überstunden. Was ich da alles zu protokollieren hät-te. Geh weiter, sei fesch, fahr zhaus und häng di auf!«

»Wie hoch ist mein Gehalt?«, fragt der *Lehrling* als erstes. »300 Euro, später mehr«, sagt der Personal-chef. »Gut, dann komme ich später wieder!«

Anruf bei der *Feuerwehr*: »Hilfe, Hilfe, es brennt!« Darauf der Feuerwehrmann: »Gute Frau, behalten Sie bitte die Nerven – wie kommen wir denn zu Ihnen hin?« Darauf die Anruferin: »Ja, haben Sie denn nicht mehr diese schnellen roten Autos?«

Was ist blau und rot und klebt vorne am Lkw? – Ein *Polizist* nach Stoppversuch!

»Herr *Friseur*, können Sie die Haare etwas locken?« – »Locken kann ich sie schon, mein Herr. Aber ob sie auch kommen werden?«

»Hat der Herr, den Sie eben bedienten, etwas gekauft?« – »Natürlich«, antwortet die *Verkäuferin* dem Chef, »die teuren Schlangenlederschuhe.« – »Hat er sie auch bar bezahlt?« – »Nein, er zahlte 80 Euro an, den Rest will er morgen bringen«, antwortet die Verkäuferin. »Ja, sind Sie denn meschugge, der kommt doch niemals wieder!« – »Aber sicherlich, ich habe ihm zwei linke Schuhe eingepackt!«

Glasermeister zum Kunden: »Nehmen Sie die Fensterscheibe gleich so mit oder soll ich sie Ihnen einschlagen?«

Der neue *Museumswärter* am Ende seines ersten Arbeitstages zum Direktor: »Sie werden mit mir zufrieden sein, ich habe schon zwei Rembrandts und einen Botticelli verkauft.«

»Die Blumen, die ich gestern in Ihrem Geschäft kaufte, sind heute schon total welk«, beschwert sich der Kunde. Darauf die *Floristin*: »Merkwürdig, bei mir blühten sie drei Wochen!«

Mann zum *Polizisten*: »Ich möchte Selbstanzeige erstatten, ich habe meine Freundin geamselt.« – »Sie meinen wohl gevögelt?«, fragt der Polizist. »Ha«, sagt der Mann, »jetzt fällt es mir wieder ein: Ich habe sie erdrosselt.«

Der Reporter interviewt einen *Manager*. »Was würden Sie tun, wenn Ihnen durch eine Erbschaft 10.000 Euro zufielen?« – »Ich würde mir ein neues Auto kaufen!« – »Und wenn es 100.000 Euro wären?« – »Dann würde ich mir ein Haus bauen.« – »Und wenn es eine Million wäre?« – »Dann würde ich meine Schulden bezahlen!«

Woran erkennt man einen *Polizisten*, der lesen kann? Er hat eine blaue Uniform mit einem Streifen. Woran erkennt man einen Polizisten, der schreiben kann? Er hat eine blaue Uniform mit zwei Streifen. Woran erkennt man einen Polizisten, der beides kann? Er hat eine rosa Uniform mit lila Punkten.

Der *Zoowärter* beugt sich über die Löwengrube. »Was ist?«, fragt ein Besucher. »Das können Sie so nicht sehen«, erwidert der Zoowärter, »Sie müssen sich hinüberbeugen … weiter … noch weiter … ja, noch weiter … ja, genau so.« Dann ruft er dem Löwen zu: »Das muss für heute aber reichen …«

Der *Polier* zum neu eingestellten Arbeiter: »Sie bekommen bei uns acht Euro Stundenlohn. Sind Sie damit einverstanden?« – »Nee!«, erwidert der Arbeiter. »Ich möchte bloß sechs Euro. Dann habe ich nämlich nicht so viel Verlust, wenn ich blaumache.«

Ein *Architekt* zeigt den Interessenten die Neubauwohnung. Er schickt den Sohn der Leute in die Nachbarwohnung. Dann ruft er: »Hörst du mich?« – »Ja!«, tönt die Stimme zurück. »Siehst du mich auch?« – »Nein!« Der Architekt strahlt: »Das sind Wände, was?«

Der Hund des alten *Oberförsters* ist gestorben. Traurig sieht er seine Frau an und seufzt vernehmlich: »Jetzt hab ich nur noch dich, Anna!«

Der arbeitslose *Maurer* sitzt wieder mal seinem Betreuer vom Arbeitsamt gegenüber. Der Beamte: »Jetzt habe ich Ihnen schon sieben Baustellen vermittelt, und bei keiner haben Sie angefangen!« Der Maurer verzweifelt: »Ja, aber was soll ich denn machen? Da stand doch jedes Mal auf dem Schild ›Betreten der Baustelle verboten‹!«

Treffen sich zwei *Ingenieure*. Meint der eine: »Mann, siehst du schlecht aus! Was ist denn los?« Antwortet der andere: »Schlepp du mal von morgens 7.30 Uhr bis abends 18.00 Uhr zentnerschwere Säcke aus einem Lkw in den fünften Stock eines Hauses!« – »Oh, das ist hart. Seit wann machst du das denn?« – »Nächsten Montag fange ich an.«

Finden zwei *Polizeibeamte* eine Leiche vor dem Gymnasium. Fragt der eine den anderen: »Du, wie schreibt man eigentlich ›Gymnasium‹?« Der andere überlegt lange und sagt dann: »Komm, schleppen wir ihn schnell zur Post!«

Ein Kunde verlangt in der Apotheke ein Mittel gegen Schluckauf. Kaum hat er seinen Wunsch ausgesprochen, verabreicht der *Apotheker* ihm eine schallende Ohrfeige. »Das ist«, erklärt er seine Handgreiflichkeit, »oft die beste Medizin gegen Schluckauf.« – »Aber ich wollte doch das Mittel für meine Frau besorgen.«

Zwei *Journalisten* treffen sich. Erzählt der eine: »Wenn mein Verleger nicht zurücknimmt, was er heute zu mir gesagt hat, bin ich die längste Zeit sein Chefredakteur gewesen.« – »Was hat er denn gesagt?« – »Sie sind die längste Zeit Chefredakteur bei mir gewesen.«

Ein Mann kommt zum Zirkusdirektor: »Ich bewerbe mich um die Stelle als *Löwendompteur*.« – »Leider schon besetzt, mein Herr, aber fragen Sie ruhig morgen wieder nach.«

Ein Mann lässt sich bei einem *Schneider* einen Anzug anfertigen. Beim Abholen stellt er fest, dass die eine Schulter schlecht sitzt, doch der Schneider beruhigt ihn: »Sie müssen doch nur die Schuler etwas hochziehen und er passt gut.« Bei genauerem Hinsehen, sieht er, dass auch die Hose nicht gut sitzt, doch wiederum beruhigt ihn der Schneider, er müsse doch nur den linken Fuß um 90° nach innen drehen und das andere Bein hinter sich herziehen und schon sei alles perfekt. Der Mann ist überzeugt, zahlt und verlässt gleich mit dem neuen Anzug das Geschäft. Wie er so auf der Straße dahingeht, mit hochgezogener Schulter, eingedrehtem linken Fuß, den rechten nachschleifend, geht hinter ihm ein Ehepaar. Meint der Ehemann: »Schau, der arme Behinderte!« Erwidert sie: »Ja, aber einen guten Schneider hat er!«

Ein Salesmanager, ein Marketingmanager und der *Chef* einer Firma sind auf dem Weg zu einer Besprechung. In einem Park finden sie eine Wunderlampe. Sie reiben die Lampe und ein Geist erscheint. Der sagt: »Normalerweise hat man drei Wünsche frei. Also kann jeder von euch einen Wunsch nennen. Der Salesmanager: »Ich zuerst! Ich zuerst!«, und äußert seinen Wunsch: »Ich möchte auf den Bahamas sein, auf einem sehr schnellen Schiff, ohne Sorgen.«
Und »pfffffff«, weg ist er.
»Jetzt ich!!!«, schreit der Marketingmanager. »Ich möchte in der Karibik sein, mit den hübschesten

Mädchen der Welt, und einer unerschöpflichen Quelle von exotischen Cocktails.«

Und »pfffffff«, weg ist er.

»Und Sie?«, fragt der Geist den Chef.

Der Chef: »Ich möchte, dass diese zwei Idioten nach dem Mittagessen zurück im Büro sind.«

Und die Moral von der Geschichte: Lass immer den Chef zuerst sprechen!!

Unsere *Bundeskanzlerin* will über die Schweizer Grenze. Die Grenzbeamten wollen ihren Personalausweis sehen. Den hat sie natürlich nicht dabei. Bundeskanzlerin: »Was soll ich denn jetzt bloß machen?« Beamter: »Ja, wir hatten da mal so einen ähnlichen Fall. Da war Boris Becker hier. Der hatte auch keinen Pass dabei. Da haben wir ihn ein paar Asse schlagen lassen, da war die Sache klar, das ist Boris Becker. Der konnte dann weiterfahren. Beckenbauer war auch mal hier. Auch ohne Pass. Der hat dann so ein bisschen mit dem Ball gedribbelt und gespielt, da war die Sache auch klar, das ist Beckenbauer. Den ließen wir dann auch weiterfahren.« Bundeskanzlerin: »Aber ich kann doch nix.« Beamter: »Alles klar, Frau Bundeskanzler, Sie können passieren.«

Drei kleine Buben streiten sich darum, wessen Vater am schnellsten ist.

Meint der erste: »Mein Vater fährt einen Porsche und erreicht locker 260 km/h!«

Sagt der zweite: »Ist doch gar nichts. Mein Vater ist

Pilot bei der Lufthansa und fliegt eine Boeing, die mit mindestens 700 km/h abzischt!«
Und schließlich der dritte: »Das ist alles überhaupt nichts. Mein Vater ist *Beamter*. Um 17.00 Uhr abends hat er Dienstschluss und um 15.30 Uhr ist er zu Hause!«

»Mein Bruder ist *Numismatiker*.« – »Was ist das denn?« – »Jemand, der Münzen sammelt.« – »Toll, diese Fremdwörter. Früher hat man einfach Bettler gesagt.«

Ein evangelischer *Pastor* und ein katholischer *Pfarrer* sind an einem heißen Tag gemeinsam unterwegs, als sie an einem See vorbeikommen. Da weit und breit niemand zu sehen ist, beschließen sie, alle Kleider abzulegen und ein bisschen zu schwimmen. Gerade als sie das Wasser wieder verlassen, kommen einige Spaziergänger vorbei, worauf der katholische Kirchenmann erschrocken seine Blöße mit den Händen bedeckt, der evangelische sich die Hände vors Gesicht hält. Als sich die Passanten entfernt haben, erklärte der Pastor: »Meine Gemeinde erkennt mich am Gesicht!«

Der alte *General* hält eine Parade ab, geht und sagt dann: »Meine Herren Pioniere, wie Sie die Brücke gebaut haben, großartig, ich bin sehr stolz auf Sie. Ich danke meine Herren, ich danke meine Herren, ich danke meine Herren! Ein Wort an die Flieger. Sie beherrschen Ihre Flugzeuge wirklich, ich war sehr beeindruckt! Ich danke meine Herren, ich danke meine Herren, ich danke meine Herren! Und jetzt noch ein Wort an die Herren Offiziere. Meine junge Frau hat gestern ein Baby bekommen. Ich danke meine Herren, ich danke meine Herren, ich danke meine Herren!

Sitzen zwei *Metzger* in der Kneipe. Sagt der eine: »Was grinst du denn den ganzen Abend so vor dich hin?« Meint der andere: »Ich bin heute schon 87 Kilo Gammelfleisch losgeworden.« Darauf der erste: »Was, Gammelfleisch? Das ist doch verboten, wie hast du denn das angestellt?« Darauf erwidert der andere trocken: »Ich habe mich heute scheiden lassen!«

Was denkt ein *Schornsteinfeger*, wenn er über den Zebrastreifen geht? »Man sieht mich, man sieht mich nicht, man sieht mich, man sieht mich nicht ...«

Baron von Herbstburg gibt ein Abendessen. Zu den Gästen gehört auch ein bekannter *Chirurg*. »Es ist mir eine große Freude, Sie in unserem Haus begrüßen zu dürfen«, sagt die Baronin zu dem Gast. – »Sagen Sie, wären Sie so nett, mit fachkundiger Hand den Truthahn fürs kalte Buffet zu tranchieren?«

Stehen zwei Rentner an einer Baustelle. Fragt der eine: »Du, das Weiße auf dem Gerüst, sind das *Maurer* oder *Tauben*?« Antwortet der andere: »Es bewegt sich! Dann sind es Tauben!«

Festliches Konzert. Während die Musik spielt, springt in der letzten Reihe jemand auf und ruft: »Ist ein *Arzt* hier im Saal?« Der Dirigent erstarrt, das Orchester kommt fast aus dem Takt.

»Ist ein Arzt im Saal?«, wiederholt der Mann aus der letzten Reihe. Niemand meldet sich. »Ist hier denn wirklich kein Arzt im Saal?«, fragt der Störer noch mal. Der Dirigent winkt ab, das Orchester hört auf zu spielen.

Schließlich steht ein Herr in der ersten Reihe auf, dreht sich um und ruft sichtlich verärgert: »Ich bin Arzt, was ist denn?«

Da sagt der Mann aus der letzten Reihe: »Ist das nicht ein herrliches Konzert, Herr Kollege?«

Ein Mann kommt in eine Bank. Eine durchgestylte, arrogant blickende *Bankangestellte* bedient ihn.

Sie: »Guten Tag, was kann ich für Sie tun?«

Er: »Ich will ein Scheißkonto eröffnen.«

Sie: »Wie bitte?!? Ich glaube, ich habe Sie nicht richtig verstanden!«

Er: »Was gibt's da zu verstehen, ich will in dieser Drecksbank einfach nur ein beschissenes Konto eröffnen!«

Sie: »Entschuldigen Sie, aber Sie sollten wirklich nicht in diesem Ton mit mir reden!«

Er: »Hör zu, Puppe, ich will nicht mit dir reden, ich will nur ein stinkendes Scheißkonto eröffnen!«

Sie: »Ich werde jetzt den Manager holen …«, und rennt weg. Weiter hinten sieht man sie dann aufgeregt mit einem gelackten Schlipsträger tuscheln, der sich daraufhin in die Brust wirft und erhobenen Hauptes mit der Schalterangestellten auf den Mann zugeht.

Manager: »Guten Tag, der Herr, was für ein Problem gibt es?«

Er: »Es gibt kein verdammtes Problem, ich hab 20 Millionen im Lotto gewonnen und will hier nur ein beschissenes, blödes Konto eröffnen!«

Manager: »Aha, und diese doofe Kuh macht Ihnen also Schwierigkeiten …«

Zwei *Nonnen* spielen *Tennis*. Die erste macht den Aufschlag und der Ball geht ins Aus. Sie sagt: »Verdammt, daneben!« Nächster Versuch, die Nonne schlägt auf, und wieder fliegt der Ball ins Aus. Wieder sagt sie: »Verdammt, daneben!« Da sagt die andere Nonne: »Wenn du noch einmal ›Verdammt, daneben‹ sagst, dann soll dich der Blitz treffen!« Die angesprochene Nonne verspricht, das Schimpfen einzustellen. Doch beim folgenden Aufschlag fliegt der Ball abermals ins Aus. Der Nonne rutscht es wieder heraus: »Verdammt, daneben!«

Plötzlich ein Donnerschlag und der Blitz trifft die falsche Nonne. Da ertönt eine Stimme vom *Himmel*: »Verdammt, daneben!«

Eine neue Metzgerei wird eröffnet. Als Geschenk packt der *Metzger* jedem Kunden ein Würstchen ein. Am anderen Tag kommt Frau Geifing: »Sie haben mir irrtümlich ein Würstchen dazugepackt.« – »Nein – das gab's gratis, zur Einführung.« – »Oh Gott – und ich hab's gegessen.«

Ein Schneeräumfahrzeug beseitigt den *Schnee* auf der Landebahn eines Flughafens.
Tower: »Räumen Sie die *Landebahn*!«
Räumfahrzeug: »Mach ich doch«
Tower: »Nein, Sie sollen sofort die Landebahn räumen!!!«
Räumfahrzeug: »Mach ich doch«
Tower: »Sie sollen von der Landebahn verschwinden, Mann!!!«

Maier beschwert sich beim *Autohändler*: »Als ich vor einem Monat den Wagen bei Ihnen kaufte, sagten Sie, er würde mein Leben lang halten. Und nun ist er kaputt.« – »Ja, vor einem Monat sahen Sie ja auch unheimlich krank aus!«

In einem Betrieb finden Bewerbungsgespräche statt. Der *Personalchef* bittet die Bewerber, einfach nur bis zehn zu zählen. Der Elektroniker beginnt: »0001, 0002, 0003, 0004 ...«
Der Personalchef winkt ab: »Der Nächste bitte!« Der Mathematiker: »Wir definieren die Folge a(n) mit a(0)=0 und a(n+1)= n+1 ...«
Der Personalchef bricht ab und bittet den nächsten Bewerber: Der Informatiker fängt an: »1, 2, 3, 4, 5, 6, 7, 8, 9, A, B, C ...«

Auch ihn will der Personalchef nicht. Als letzter kommt ein Student: »1, 2, 3, 4, 5, 6, 7, 8, 9, 10.«
Der Personalchef ist begeistert: »Sie bekommen den Job!« – »Warten Sie, ich kann noch weiter: Bube, Dame, König …«

Eine *Kindergärtnerin* kniet sich nieder, um einem *Kind* beim Schuhanziehen zu helfen. Nur mit gemeinsamem Stoßen, Ziehen und Zerren gelingt es ihr, beide *Stiefel* anzuziehen. Als der Kleine sagt: »Die Stiefel sind ja vertauscht, am falschen Fuß!«, muss die Kindergärtnerin ihre Gefühle heftig runterschlucken. Aber so ist es: Links und rechts sind vertauscht.
Nun ist es auch nicht viel einfacher, die Stiefel wieder runterzuzerren. Schließlich ist es geschafft, die Stiefel sind ausgetauscht und wieder angezogen. Da sagt der Kleine trocken: »Das sind nicht meine Stiefel!«
Die Kindergärtner beißt sich auf die Zunge und unterdrückt: »Warum sagst du das erst jetzt?« Wieder kniet sie sich nieder und zerrt an den widerspenstigen Stiefeln, bis sie ab sind.
Da erklärt das Kind deutlicher: »Das sind nicht meine Stiefel, sie gehören meinem Bruder. Aber meine Mutter hat gesagt, ich muss sie heute anziehen, weil es so kalt sei.«
Die Kindergärtnerin weiß nicht, ob sie laut schreien oder still weinen soll. Sie nimmt noch einmal all ihre Selbstbeherrschung zusammen und stößt und

schiebt und zerrt die blöden Stiefel wieder an die kleinen Füße. Dann fragt sie den Kleinen: »Und wo sind deine Handschuhe?« – »Ich hab sie vorn in die Stiefel gesteckt.«

Ein Mann und eine Frau sitzen alleine in einem *Zugabteil*. Irgendwann sagt der Mann: »Entschuldigen Sie, ich bin Ausländer und der deutschen Sprache noch nicht ganz mächtig. Darf ich Ihnen ein paar Fragen zur Sprache stellen? Wenn ich etwas esse, bin ich dann ein Esserer?« Sagt die Frau: »Nein, dann sind Sie ein *Essender*.« – »Und wenn ich etwas trinke, dann bin ich ein Trinkerer?« – »Nein, dann sind Sie ein *Trinkender*.« – »Aber wenn ich Ihnen die Unschuld raube, dann bin ich ein Rauberer?« – »Nein, dann sind Sie ein *Zauberer*!«

Ein *Polizist* hält morgens ein Auto an: »Haben Sie vielleicht noch *Restalkohol*?« – »Nein, aber da vorn im Geschäft können Sie sich ja was kaufen.«

Polizist zum Autofahrer: »Blasen Sie doch bitte mal hier hinein!« – »Nein.« – »Wenn Sie nicht auf der Stelle hineinblasen, dann mach ich es für Sie – und dann sind Sie Ihren *Führerschein* aber garantiert los.«

Treffen sich zwei *Jäger* im Wald – beide tot.

Zwei *Jäger* sind gemeinsam im Wald unterwegs, als plötzlich einer von ihnen zusammenbricht. Er scheint nicht mehr zu atmen und hat glasige Augen. Der andere Jäger holt schnell sein Handy hervor und wählt den Notruf: »Mein Freund ist tot«, stößt er hervor. »Was soll ich tun?« Er bekommt den Rat: »Beruhigen Sie sich. Versichern Sie sich als erstes, dass er wirklich tot ist.« Einen Moment ist es still, dann ertönt ein Schuss. Zurück am Telefon, fragt der Jäger: »Okay, was jetzt?«

Der berühmte *Detektiv* Sherlock *Holmes* und sein Assistent Dr. Watson bauen während eines *Campingausflugs* ihr *Zelt* auf. Mitten in der Nacht rüttelt Holmes Dr. Watson wach und bittet ihn: »Watson, schauen Sie rauf zu den Sternen und sagen Sie mir, was Sie aus diesem Anblick folgern.« Dr. Watson antwortet: »Ich sehe Tausende von Sternen, und weiß, dass es Millionen von Sternen gibt, und wenn auch nur ein paar von denen Planeten besitzen – dann ist es leicht möglich, dass einige davon unserer Erde ähnlich sind. Und wenn es ein paar Planeten wie die Erde da draußen gibt, dann könnte es auf diesen ebenfalls Leben geben. Außerirdisches Leben!« Holmes schüttelt den Kopf: »Watson, Sie Idiot! Jemand hat unser Zelt gestohlen!«

Ein *Arzt* stellt mitten in der Nacht fest, dass sein Keller unter Wasser steht. Sofort ruft er einen *Installateur* an. Dieser weigert sich allerdings, zu dieser späten Stunde noch zu kommen. Daraufhin wird der Arzt aufgebracht und erklärt, dass er auch mitten in der Nacht kommen muss, wenn er zu einem Notfall gerufen wird. Eine Viertelstunde später ist der Installateur da. Gemeinsam mit dem Arzt betritt er die Kellertreppe, die bereits zur Hälfte unter Wasser steht. Der Installateur öffnet seine Tasche, holt zwei Dichtungsringe heraus, wirft sie ins Wasser und sagt: »Wenn es bis morgen nicht besser ist, rufen Sie wieder an.«

Bei der *Polizei* will ein Ausbilder die Merkfähigkeiten von einem Steirer, einem Kärntner und einem Tiroler testen. Dazu zeigt er für fünf Sekunden ein Foto eines verdächtigen Mannes und dreht es dann wieder um.

»Das ist nun Ihr erster Eindruck. Würden Sie ihn wiedererkennen?« Der Steirer antwortet: »Das ist einfach. Ich kriege ihn, weil er nur ein Auge hat!« Der Ausbilder erwidert: »Nun … mmhh … Das ist so, weil das Foto den Mann im Profil zeigt.«

Dann zeigt er dem Kärntner das Foto für fünf Sekunden und fragt: »Nun, Ihr erster Eindruck. Würden Sie ihn wiedererkennen?« Der Kärntner lacht, fährt sich durch sein Haar und sagt: »Ha! Den kriege ich locker! Er hat ja nur ein Ohr!« Der Ausbilder entgegnet ärgerlich: »Was ist bloß los mit euch zweien? Natürlich hat er nur ein Ohr, weil das Foto das Profil des Mannes zeigt! Ist das die beste Antwort, die ihr habt?«

Äußerst frustriert zeigt er das Foto dem Tiroler und sagt: »Dies ist der erste Eindruck. Würden Sie ihn

wiedererkennen?« Und fügt schnell hinzu: »Überlegen Sie gut, bevor Sie mir eine Antwort geben …«
Der Tiroler sieht sich das Foto lange an und sagt: »Der Verdächtige trägt *Kontaktlinsen*.« Der Ausbilder ist überrascht, da er selbst nicht weiß, ob der Mann auf dem Foto Kontaktlinsen trägt. »Nun, das ist eine interessante Antwort. Warten Sie hier, ich werde das anhand seiner Kartei überprüfen und komme gleich wieder!« Er verlässt den Raum, überprüft die Kartei des Verdächtigen auf seinem Computer und kommt mit einem sanften Lächeln auf den Lippen zurück.
»Wow! Ich kann es kaum glauben, aber Sie haben recht! Der Verdächtige trägt wirklich Kontaktlinsen. Sehr gute Arbeit! Wie konnten Sie das nur so schnell bemerken?« – »Das war ganz einfach«, bemerkt der Tiroler, »er kann ja keine Brille tragen, weil er nur ein Auge und ein Ohr hat!«

Auf einer Baustelle fällt ein *Schreiner* vom Gerüst und bricht sich das Genick. Die anderen *Bauarbeiter* stehen um die Leiche herum und wissen nicht, was sie tun sollen. Schließlich kommt der Polier und ordnet an: »Zuerst nehmt ihm mal die Hände aus den Taschen, damit es wie ein *Arbeitsunfall* aussieht.«

Ein Mann geht in einen Schweizer Fleischerladen, um sich Hirn fürs Nachtessen zu kaufen. Er sieht auf einem Schild, dass Hirn von verschiedenen Berufen erhältlich ist. Er fragt den *Metzger*: »Wie viel kostet Ingenieur-Hirn?« – »Acht Franken für 100 Gramm.« –

»Wie viel kostet *Arzt*-Hirn?« – »12 Franken für 100 Gramm.« – »Wie viel kostet *Juristen*-Hirn?« – »500 Franken für 1 Gramm.« – »500 Franken für 1 Gramm! Was macht denn Juristen-Hirn so teuer?« – »Was glauben Sie denn, wie viele Juristen man schlachten muss, um 1 Gramm Hirn zu erhalten?«

Der *Staubsaugervertreter* kommt zu einem einsamen Bauernhof. Er verschüttet einen großen Sack Staub auf dem Fußboden in der Wohnstube und sagt: »Ich werde jeden Krümel aufessen, den dieser Staubsauger hier nicht wegputzt!« – »Mahlzeit!«, sagt darauf die Bäuerin, »wir haben hier nämlich keinen Strom!«

Politiker X macht einen Besuch auf einem Bauernhof und lädt dazu die Presse ein. Ein Fotograf knipst ihn im Schweinestall. Dann sagt X zum Fotografen: »Dass Ihr mir aber nicht so ein dummes Zeug unter das Bild schreibt, wie X und die Schweine oder so!« – »Nein, nein, geht schon klar.« Am nächsten Tag ist das Bild in der Zeitung und darunter zu lesen: ›X (3. v. links)‹

Ein Hund lief in eine Schweizer Metzgerei und stahl einen Braten. Glücklicherweise erkannte der *Metzger* den Hund als den eines Nachbarn, einem *Anwalt*. Der Metzger rief den Anwalt an und sagte: »Wenn dein Hund einen Braten aus meiner Metzgerei stiehlt, bist du dann für die Kosten verantwortlich?« Der Anwalt erwiderte: »Natürlich. Wie viel kostet das

Berufe

Fleisch?« – »30 Franken.« Ein paar Tage später erhielt der Metzger einen Scheck über 30 Franken mit der Post. Angeheftet war eine Rechnung mit folgendem Text: »Rechtsauskunft: 350 Franken.«

Ein *Rechtsanwalt* hat Anlaufschwierigkeiten mit seiner Kanzlei, und da beschwört er den *Teufel*. Der kommt auch prompt und sagt: »Diese Woche haben wir ein Sonderangebot: Du kriegst perfekte Gesundheit, gewinnst jeden Prozess, bist für Frauen unwiderstehlich, dein Tennis-Aufschlag ist nicht zu erwischen, jeden Morgen weißt du die Aktienkurse vom nächsten Tag, und dein Mundgeruch ist weg. Dafür bekomme ich sofort deine Frau und deine Kinder, und die werden auf ewig in der Hölle schmoren. Na, was sagst du?« Der Anwalt stutzt, seine Augen verengen sich zu schmalen Schlitzen, er zieht scharf die Luft ein – dann sagt er: »Moment mal. Irgendwo muss doch da ein Haken sein.«

Ein Städter kaufte von einem *Bauern* einen *Esel* für 100 Euro. Der Bauer versprach, das Tier am nächsten Tag bei dem Käufer abzuliefern. Am nächsten Tag kam der Bauer und bedauerte, dass der Esel gestorben war. »In dem Fall«, sagte der Städter, »will ich natürlich mein Geld zurück.« Der Bauer bedauerte wieder, denn er hatte das Geld schon am Vortag ausgegeben. Also sagte der Städter, er wolle den toten Esel haben. »Nun, was willst du mit dem Kadaver?« – »Ich werde ihn verlosen!« – »Du kannst doch keinen toten Esel verlosen!« – »Sicher kann ich, pass nur auf: Ich sag niemandem, dass er tot ist!« Einen Monat später treffen sich die zwei wieder. »Na, hast du den toten Esel losbekommen?« – »Sicher! Ich habe 500 *Lose* zu je zwei Euro verkauft und hab 998 Euro Gewinn gemacht!« – »Hat sich denn da keiner beschwert?« – »Nur der, der gewonnen hat. Und dem hab ich seine zwei Euro zurückgegeben.«

Eine Frau fliegt von Ungarn nach Venezuela und neben ihr im Flugzeug sitzt ein *Pfarrer*. »Vater«, sagt sie, »darf ich Sie um einen Gefallen bitten?« – »Gerne, wenn ich kann, meine Tochter.« – »Also, ich habe mir einen sehr teuren und ganz besonders guten *Rasierapparat* für Damen gekauft, der ist aber noch ganz neu und jetzt fürchte ich, dass ich beim *Zoll* schon zu viel anzugeben habe. Könnten Sie ihn vielleicht unter Ihrer Soutane verstecken?« – »Das kann ich schon, meine Tochter, das Problem ist nur: Ich kann nicht lügen.« Na ja, denkt sich die Frau, irgendwie wird das schon klappen, und sie gibt ihm den Rasierer.

Am Flugplatz fragt der Zollbeamte den Pfarrer, ob er etwas zu deklarieren habe.

»Vom Kopf bis zur Mitte nichts zu deklarieren, mein Sohn!«, versichert der Pfarrer. Etwas erstaunt fragt der Zollbeamte: »Und von der Mitte abwärts?« – »Da unten«, sagt der Pfarrer, »habe ich ein Gerät für Damen, das noch nie benutzt wurde.« Da lacht der Zollbeamte schallend und ruft den Nächsten auf.

Sitzt ein Mann in *Spanien* in einem Restaurant und schaut seinem Gegenüber auf den Teller, der mit etwas sehr Großem bedeckt ist. Er fragt dann nach einiger Zeit: »Was haben Sie da eigentlich auf dem Teller?« Antwortet der andere: »Das sind *Stierhoden*. Eine Delikatesse!« – »Na, das bestelle ich auch, sieht ja großartig aus!« – »Das geht nicht, das gibt es nur einmal täglich, denn die stammen vom Stier, der am Vortag beim Stierkampf vom *Torero* getötet wurde!« Also bestellt der Mann für den nächsten Tag vor. Als es soweit ist, kommt der Kellner mit einem großen Teller, auf dem jedoch nur zwei kleine Hoden liegen. Fragt der Mann den Kellner: »Was soll das denn? Warum sind die Hoden denn so klein?« Antwortet der Kellner: »Dieses Mal hat der Stier gewonnen!«

Fragt der *Nervenarzt*: »Wer hat Ihnen eigentlich gesagt, dass Sie *Napoleon* sind?« – »Das hat mir der liebe *Gott* gesagt.« Da steht in der Ecke des Zimmers ein dritter Mann auf und fragt: »Was soll ich gesagt haben, was?«

Was ist der Unterschied zwischen einem *Kritiker* und einem *Eunuchen*?
Da gibt es keinen. Beide wissen genau, wie man es machen muss, können es aber nicht.

Zwei *Gärtner* arbeiten am Straßenrand. Der eine schaufelt ein Loch, der andere schüttet es wieder zu. Ein Passant fragt: »Was macht ihr denn da?« – »Gewöhnlich sind wir zu dritt, doch der Kollege, der die *Bäume* einsetzt, ist heute krank.«

Der Arzt erklärt dem Patienten mit vorwurfsvoller Miene: »Sie müssen unbedingt mit dem *Trinken* aufhören. Ihre letzte Blutprobe hat sich verflüchtigt, bevor ich sie untersuchen konnte!«

Ein *Betrunkener* wankt nachts über einen Parkplatz und tastet alle Autodächer ab.
»Was machen Sie denn da?«, fragt ein Passant.
»Ich suche – ich suche meinen Wagen«, lallt der Betrunkene.
»Ja, aber die Dächer sind doch alle gleich!«
Der Zecher: »Nein, auf meinem ist ein *Blaulicht!*«

Ein Polizeiwagen steht abends routinemäßig vor einer Kneipe. Die Tür der Kneipe öffnet sich und ein offensichtlich sturzbetrunkener Gast torkelt auf den Parkplatz. Der *Polizeibeamte* beobachtet grinsend, wie der Mann von Auto zu Auto schwankt und jedes Mal versucht, den Wagen aufzuschließen. Nach fünf Versuchen hat er endlich sein Auto gefunden, öffnet die Fahrertür und legt sich erstmal flach auf Fahrer- und Beifahrersitz. In der Zwischenzeit verlassen einige Gäste die Bar, steigen in ihre Autos und fahren weg.
Der *Betrunkene* rappelt sich auf und schaltet die Scheibenwischer ein – obwohl es ein schöner trockener Sommerabend ist. Danach betätigt er den Blin-

ker, schaltet den Scheibenwischer auf schnell, macht Licht und das Radio an, den Blinker wieder aus und drückt die Hupe. Schließlich startet er den Motor und macht den Scheibenwischer wieder aus. Er fährt ganz langsam einen halben Meter vorwärts und dann wieder einen halben Meter rückwärts und steht dann wieder für ein paar Minuten, als weitere Gäste das Lokal verlassen und wegfahren.

Endlich fährt er langsam auf die Straße. Der Polizist, der das Schauspiel geduldig und amüsiert beobachtete, fährt dem Mann hinterher, schaltet das Blaulicht ein und stoppt den Betrunkenen, welcher sogleich einen Alkoholtest machen muss. Zu der großen Überraschung des Polizisten ist der Test negativ, worauf er den Mann bittet, auf den Polizeiposten mitzukommen, da etwas mit dem Alkoholtestgerät nicht stimmen könne.

»Das bezweifle ich«, sagte der scheinbar Betrunkene, »denn heute war ich dran mit Lockvogel spielen, damit alle andern besoffen wegfahren konnten.«

Der *Zollbeamte* beugt sich in das geöffnete Fenster des Wagens, fragt: »Alkohol, *Zigaretten*?« Der Fahrer winkt ab: »Nein, bitte zwei Kaffee!«

Der erfahrene Staatsanwalt hatte die hübsche Angeklagte in Grund und Boden verdammt, der *Verteidiger* hält nun ein flammendes Plädoyer.

Er schließt mit erhobener Stimme: »Bei Ihnen, meine Herren *Geschworenen*, liegt es nun, ob diese reizende junge Dame für ein Jahr in eine trostlose, vergitterte Zelle muss oder ob sie in ihre entzückende Wohnung in der Rue de la Paix 36, dritter Stock links, Telefon 34586, zurückkehren kann!«

Personalchef: »Sie fangen Montag an. Bezahlt wird nach *Leistung*.«
Bewerber: »Tut mir leid, davon kann ich nicht leben.«

Richter: »Sie kenne ich doch! Ich habe Sie schon tausendmal gesehen! Sie sind doch sicher vorbestraft!«
Angeklagter: »Nein. Ich bin Türsteher im Eros-Center!«

Ein *Anwalt*, der seinen Prozess gewonnen hat, telegrafiert seinem Mandanten: »Die *Gerechtigkeit* hat gesiegt!« Der Mandant telegrafiert zurück: »Sofort berufen!«

Fragt der *Anwalt* seinen Mandanten: »Jetzt mal ehrlich: Haben Sie den Einbruch verübt?« – »Nein!« – »Und wie wollen Sie mich dann bezahlen?«

Angeklagter: »Also ehrlich, Herr *Richter*, Ihnen kann man es aber auch nie recht machen! Breche ich ein, werde ich verurteilt, breche ich aus, werde ich auch verurteilt …«

Bei der *Polizei* in einer Großstadt: Bewerber zum Personalchef: »Haben Sie eine Stelle für mich?« – »Was können Sie denn?« – »Nichts.« – »Das tut mir leid, diese Stellen sind alle schon besetzt.«

Automechaniker zum Kunden: »Das Problem ist größer, als ich dachte. Ihre Batterie braucht ein neues *Auto*!«

Und dann gibt es noch den *Glaser*, der 34 Fensterscheiben erneuerte, bevor er merkte, dass er einen Sprung in der Brille hatte.

Ein Mann kommt zum *Optiker* und sagt: »Ich hätte gerne eine neue Brille.« Darauf fragt der Optiker: »Ist Ihre alte nicht mehr scharf?« Der Mann empört: »Das geht Sie überhaupt nichts an!«

Wenn du einen *Mathematiker* wählen lässt zwischen einem Brötchen und ewiger Seligkeit, was nimmt er? Natürlich das Brötchen: Nichts ist besser als ewige Seligkeit – und ein belegtes Brötchen ist besser als nichts.

(e hoch x) und eine Konstante bummeln zusammen über die Wiedner Hauptstraße in Wien am Institut für *Mathematik* vorbei. Sehen sie von Weitem einen Differential-Operator. Konstante: »Du, ich mach mich mal schnell aus dem Staub!« (e hoch x) [leicht überheblich]: »Hehe – ich bin (e hoch x)!« Der Differential-Operator kommt näher, die beiden treffen sich. (e hoch x) [selbstbewusst]: »Hallo, ich bin (e hoch x)!« Differential-Operator [grinsend]: »Und ich bin (d/dy) …«

Ein *Leutnant* und ein Gefreiter sitzen nebeneinander beim Friseur. Nach dem erfolgten Haarschnitt wird der Leutnant gefragt, ob er Haarwasser wünsche. »Danke nein! Wenn ich so dufte, denkt meine Frau, ich war im Puff.«
Sagt der Gefreite: »Mir können Sie ruhig Haarwasser geben. Meine Frau weiß nicht, wie es im Puff riecht!«

Friseur: »Langsam werden Ihre Haare aber grau.«
Kunde: »Kein Wunder bei Ihrem Arbeitstempo.«

Sagt ein katholischer *Pfarrer* zu einem Kollegen: »Meinst du, wir erleben noch, wie das Zölibat abgeschafft wird?« Der andere schüttelt nachdenklich den Kopf und sagt: »Wir nicht, aber vielleicht unsere Kinder.«

Kommt ein kleines Mädchen in ein *Zoogeschäft* und sagt: »Ich hätte gern ein Kaninchen.« Der Verkäufer sagt: »Möchtest du lieber das braune mit den niedlichen Knopfaugen oder das kuschelige kleine weiße?« Meint das Mädchen: »Meinem Python ist das völlig egal!«

»Elefant entlaufen«, notiert der *Polizist* im Protokoll, dann sieht er den Zoodirektor fragend an: »Besondere Kennzeichen?«

Vier Männer sprachen über die Intelligenz ihrer Hunde. Der erste war *Ingenieur* und sagte, sein Hund könne gut zeichnen. Er sagte ihm, er solle ein Papier holen und ein Rechteck, einen Kreis und ein Dreieck zeichnen, was der Hund auch leicht schaffte.

Der *Buchhalter* sagte, er glaube, sein Hund sei besser. Er befahl ihm, ein Dutzend Kekse zu holen und sie in Dreierhäufchen aufzuteilen. Das machte der Hund locker.

Der *Chemiker* fand das gut, aber meinte, sein Hund sei noch cleverer. Er sagte ihm, er solle einen Liter Milch holen und davon 275 ml in ein Halbliltergefäß gießen. Der Hund schaffte das leicht.

Alle Männer stimmten darin überein, dass ihre Hunde gleich klug wären. Dann wandten sie sich an das *Gewerkschaftsmitglied* und fragten, was sein Hund könnte. Der Gewerkschafter rief seinen Hund und sagte ihm: »Zeig den Jungs mal, was du kannst!« Der Hund fraß die Kekse, trank die Milch aus, machte aufs Papier, biss die anderen drei Hunde, behauptete, sich dabei eine Rückenverletzung zugezogen zu haben, reichte eine Beschwerde wegen gefährlicher Arbeitsbedingungen ein, verlangte Verdienstausfall, ließ sich krankschreiben und lief nach Hause.

CIA-Schule: Drei *Agenten* sind beim Abschlusstest. Der Ausbilder sagt zum ersten: »Im nächsten Raum befindet sich deine Freundin. Hier hast du eine Pistole. Du hast 30 Sekunden, um sie umzubringen!« Nach 30 Sekunden kommt der Mann mit seiner

Freundin an der Hand aus dem Raum, gibt dem Instruktor die Pistole zurück und sagt: »Tut mir leid, das kann ich nicht!« Als der zweite an der Reihe ist, sagt der Ausbilder zu ihm: »Im nächsten Raum befindet sich deine Verlobte. Hier hast du eine Pistole. Du hast 30 Sekunden, um sie umzubringen!« Nach 30 Sekunden kommt der Mann mit seiner Verlobten an der Hand aus dem Raum, gibt dem Instruktor die Pistole zurück und sagt ebenfalls: »Tut mir leid, das kann ich nicht!« Zum dritten sagt der Ausbilder: »Im nächsten Raum befindet sich deine Frau, mit der du schon zehn Jahre verheiratet bist. Hier hast du eine Pistole. Du hast 30 Sekunden, sie umzubringen!« Der Mann geht in den Raum. Nach zwei Sekunden ertönt ein fürchterlicher Lärm und nach 20 Sekunden steht der Mann wieder vor der Tür und sagt zum Ausbilder: »Irgendein Idiot hat Platzpatronen in die Pistole getan. Ich habe sie mit dem Sessel erschlagen müssen.«

Ein *Biologe,* ein *Jurist* und ein *Mathematiker* diskutieren, ob ein Seitensprung gut wäre. Der Biologe meint, das sei positiver Stress und der sei gut für das Befinden. Der Jurist meint, das sei aufgrund der Gesetze schlecht, weil eine Scheidung sehr teuer und unangenehm werden kann. Der Mathematiker meint, das sei gut, weil die Frau denkt, man wäre bei der Geliebten, während die Geliebte denkt, man sei zu Hause – und dann kann man ins Institut gehen und arbeiten …

Ein *Informatiker* sieht in einem Park einen Frosch. Der sagt quakend: »Bitte, bitte küss mich, ich bin eine verzauberte Prinzessin!« Der Informatiker nimmt den Frosch und packt ihn in seine Tasche. Als ihn seine Freunde fragen, wieso er den Frosch nicht küsst, meint er: »Für eine Freundin habe ich keine Zeit, aber einen sprechenden Frosch find ich cool!«

Die Kundin im Supermarkt: »Ein Hähnchen bitte!« Der *Metzger* holt sein letztes aus der Kühltruhe. »Macht 5,90 Euro.« – »Ach, hätten Sie nicht ein größeres?« Der Metzger geht nach hinten und klopft das Hähnchen breit und zieht es länger. »Dieses kostet 7,20 Euro, recht so?« – »Ja prima, ich nehme dann die beiden …«

Bei der Abschlussprüfung wird der zukünftige *Schrankenwärter* gefragt: »Von links kommt der planmäßige D-Zug, von rechts ein Güterzug. Die Strecke ist eingleisig, was machen Sie?« Nach kurzem Überlegen meint der Kandidat: »Ich hole meinen Schwager.« – »Warum denn das?« – »Na ja – der hat so einen schweren Unfall auch noch nie gesehen!«

Als das Passagierflugzeug in der Luft ist, nimmt der Kapitän den Kopfhörer ab und sagt zu seinem *Co-Piloten*. »So, jetzt trinke ich einen Kaffee und dann schmuse ich mit der Stewardess herum.« Was er nicht bemerkt hatte: Der Kopfhörer war nicht ausgeschaltet und der ganze Flieger konnte mithören. Die

Stewardess natürlich auch. Ganz entsetzt läuft sie den Gang entlang, übersieht jedoch eine Tasche, stolpert und liegt der Länge nach am Boden. Da beugt sich ein Passagier aus dem Sitz und sagt zu ihr: »Sie brauchen sich nicht zu beeilen. Sie haben doch gehört. Er trinkt zuerst einen Kaffee.«

Während ihrer Arbeit in Kanada hackt ein *Holzfäller* dem anderen ein Bein ab.
»Hey«, sagt dieser, »wenn du das noch mal machst, bekommst du einen Tritt in den Hintern!«

»Sag einmal, Roswitha, du bist doch mit einem *Archäologen* verheiratet, ist das nicht sehr langweilig?« – »Im Gegenteil«, meint Roswitha, »je älter ich werde, desto mehr interessiert er sich für mich!«

»Fahren Sie mich bitte so schnell wie möglich zum Flughafen«, sagt der Gast zum *Taxifahrer*. Der drückt aufs Gaspedal, jagt über die erste rote Ampel, ohne anzuhalten, über die zweite, die dritte. Die vierte Ampel zeigt »grün« und der Taxifahrer steigt wie wild auf die Bremse. »Was soll das denn, wieso stoppen sie ausgerechnet bei grün?«, fragt der Fahrgast. »Da muss man vorsichtig sein«, meint der Taxifahrer, »es könnte ja ein Kollege kommen.«

Psychiater: »Worauf führen Sie denn Ihre starken Kontaktschwierigkeiten zurück?« Patient: »Das sollst du doch rauskriegen, du alter Idiot!«

Der Direktor zu seinem *Computerexperten*: »Das hat ja eine Ewigkeit gedauert, bis der Rechner wieder lief. Wo war denn das Problem?« – »Ein Fehler in der zentralen Hauptversorgung.« – »Donnerwetter«, mischt sich der Azubi ein, »das war die beste Umschreibung für ›Der Stecker war nicht in der Steckdose‹, die ich je gehört habe!«

Der *Konditor* ruft beim Arbeitsamt an: »Ich brauche dringend eine Verkäuferin.« Gegenfrage: »Soll sie jünger oder älter sein?« Antwort: »Egal, Hauptsache Diabetikerin.«

In der Herrenabteilung eines großen Bekleidungshauses sind alle gespannt auf den neuen *Starverkäufer*. Der Verkaufsleiter will das angebliche Verkaufsgenie testen und hängt die ältesten Ladenhüter heraus. Überraschung: Am Abend ist alles verkauft. »Haben Sie etwa auch den total verschnittenen Anzug mit den verschiedenfarbigen Ärmeln verkauft?« – »Ist doch klar«, meint das Verkaufsass. »Und hat der Kunde gar nichts daran auszusetzen gehabt?« – »Nein, nur der Blindenhund hat ein wenig geknurrt.«

Kommt eine schwangere Frau zum *Bäcker*: »Ich bekomme ein Brot.«
Darauf der Bäcker: »Sachen gibt's!«

Kritiker zum *Schriftsteller*: »Ich hab Ihr Buch gelesen.« – »Mein letztes?« – »Das hoffe ich doch!«

Treffen sich zwei Freunde. Sagt der eine: »Du, ich bin jetzt *Schriftsteller*.«
Fragt der andere: »Und, hast du schon was verkauft?« – »Ja, mein Auto, mein Haus und – meine Schreibmaschine!«

»Das kann nicht stimmen, dass du erst 56 Jahre alt bist«, sagt Petrus zu einem *Installateur*, der gerade im Himmel eingetroffen ist. »Nach den von dir in Rechnung gestellten Arbeitsstunden musst du mindestens 127,5 Jahre alt sein!«

Treffen sich zwei Freunde, und einer hustet ganz arg. »Du hast ja eine schreckliche Bronchitis! Warst du beim *Arzt*?« – »Nein, sie ist von ganz allein gekommen.«

Anruf beim *Fleischer*: »Haben Sie Eisbein?« – »Ja.« – »Haben Sie eine Pökelzunge?« – »Gewiss.« – »Haben Sie Schweinsohren?« – »Aber sicher.« – »Meine Güte, müssen Sie aber komisch aussehen!«

»Herr *Ober*, haben Sie Froschschenkel?« – »Ja.« – »Dann hüpfen Sie mal und bringen Sie mir ein Bier!«

Der *Briefträger* ist sauer, weil er wegen einer Ansichtskarte zum Leuchtturm rausrudern muss: »Post für dich, Jan«, schnauzt er den Empfänger an.
»Sei bloß vorsichtig. Wenn du maulst, abonniere ich die Tageszeitung!«

Am Abend kommt der Ehemann nach Hause und die Frau sagt: »Du, der Wasserhahn tropft!« Er erwidert: »Na bin i a *Installateur*?« Am nächsten Tag sagt sie: »Du, in der Wand ist ein kleines Loch!« Er wiederum: »Na, bin i a Maurer?« Nächster Abend: »Du, tapezierst du die eine Wand im Wohnzimmer neu?« – »Na bin i a *Tapezierer*?«

Einen Tag später kommt er nach Hause und sieht, dass das Mauerloch verputzt ist, der Hahn nicht mehr tropft und das Wohnzimmer frisch tapeziert ist. Verwundert fragt er, wer das gemacht hat. Sie: »Das war der fesche Student, der in der Nachbarwohnung wohnt.« – »Ja, und was wollte er dafür haben?« – »Er hat gesagt, entweder soll ich ihm eine Torte backen oder mit ihm schlafen!« – »Na, und, was has du gemacht?« – »Na bin i a *Zuckerbäckerin*?«

Ein *Jäger* kommt nach Hause und erwischt seine Frau beim Liebesspiel mit seinem besten Freund. Er läuft zum Gewehrschrank, holt eine Waffe und erschießt ihn. Darauf seine Frau: »Wenn du so weitermachst, wirst du bald keine Freunde mehr haben!«

»Du arbeitest im *Hallenbad*?«, wird Gerald gefragt. »Nicht mehr«, sagt Gerald, »ich habe sogar Hausverbot!« – »Im Hallenbad? Wie bekommt man denn so was?« – »Ich habe ins Becken uriniert.« – »Aber das machen doch andere auch!« – »Ja schon, aber nicht vom Zehnmeterbrett.«

Bevor *Fritzchen* ins Bett geht, sagt er sein Gebet. Sein Vater lauscht an der Tür: »Lieber Gott, schütze meine Familie, mich, meine Mutter, meinen Vater und meine Oma.« Der Vater geht zu Bett und wundert sich, warum der Sohn den Opa nicht erwähnt hat. Als der Vater am nächsten Tag von der Arbeit kommt, erfährt er, dass der Opa die Treppe hinuntergefallen und tot ist.

Am kommenden Abend hört der Vater wieder beim Nachtgebet zu: »Lieber Gott, schütze meine Familie, mich, meine Mutter und meinen Vater.« Der Vater geht zu Bett und wundert sich, warum er dieses Mal die Oma nicht aufgezählt hat. Am nächsten Tag ist die Oma tot: Herzinfarkt!

Verwundert wartet der Vater auch an diesem Abend neben der Tür, um zu hören, was Fritz betet: »Lieber Gott, schütze meine Familie, mich und meine Mutter.« Aus Angst sterben zu müssen, passt der Vater den ganzen Tag lang auf. Als er schließlich nach Hause kommt, erkundigt er sich, ob es etwas Neues gibt. Seine Frau meint: »Ach nichts. Oh, hast du gehört, dass unser *Briefträger* gestorben ist?«

In der Schule: Die *Lehrerin* fragt die Kinder, was deren Eltern beruflich machen. Als Fritz dran ist, sagt er: »Mein Papa spielt Musik im Bordell!«

Die Lehrerin, voll geschockt, geht am selben Abend zu seinen Eltern: »Wie können Sie das Kind in dieser Atmosphäre erziehen?« Der Vater: »Eigentlich bin ich Informatiker und spezialisiert auf TCP/IP Kommunikationsprotokolle in UNIX-Systemen. Aber wie soll ich das einem siebenjährigen Kind erklären?!«

Kommt ein *Chemiker* in die Apotheke und sagt: »Ich hätte gerne eine Packung Acetylsalicylsäure.« Darauf der Apotheker: »Sie meinen Aspirin?« Der Mann: »Ja, genau, ich kann mir bloß dieses blöde Wort nie merken!«

Der *Medizinstudent* übt an einem Kunststoffmodell eine Zangengeburt. Klopft ihm der Professor auf die Schulter: »Großartig, wenn Sie jetzt dem Vater noch die Geburtszange auf den Kopf schlagen, dann haben Sie die ganze Familie ausgerottet.«

Ein *Bauer* zum anderen: »Dein Hahn taugt nichts mehr für die Hennen.« – »Wie willst du das wissen?« – »Ich hab ihn überfahren!«

Ein *Bauer*, dessen Zuchtstier Probleme bereitet, fragt im Gasthaus seinen Nachbarn: »Du, als dein Stier Potenzprobleme hatte, was hat ihm denn der Tierarzt damals verschrieben?« Antwortet dieser: »Du, es fällt mir jetzt nicht mehr ein, wie das geheißen hat, aber es war blau und hat nach Schokolade geschmeckt!«

Telefonieren zwei *Informatiker* miteinander: »Na, wie ist das Wetter bei dir?« – »Caps Lock.« – »Hä?« – »Shift ohne Ende!«

Ein *Busfahrer* und ein Priester kommen an die Himmelstür. Petrus lässt den Busfahrer gleich hinein, während der Priester noch für zehn Jahre ins Fegefeuer muss. Dieser regt sich natürlich über die Entscheidung auf, doch Petrus meint: »Als du gepredigt hast, haben alle geschlafen, aber als er gefahren ist, haben alle gebetet!«

So stirbt man standesgemäß:
Der *Gärtner* beißt ins Gras.
Der *Maurer* springt von der Schippe.
Der *Koch* gibt den Löffel ab.
Der *Turner* verreckt.
Den *Elektriker* trifft der Schlag.
Der *Pfarrer* segnet das Zeitliche.
Der *Spachtelfabrikant* kratzt ab.
Der *Schaffner* liegt in den letzten Zügen.
Der *Religiöse* muss dran glauben.
Der *Zahnarzt* hinterlässt eine schmerzliche Lücke.
Der *Gemüsehändler* schaut sich die Radieschen von unten an.
Der *Fechter* springt über die Klinge.
Die *Putzfrau* kehrt nie wieder.
Der *Anwalt* steht vor dem Jüngsten Gericht.
Der *Autohändler* kommt unter die Räder.
Der *Optiker* schließt für immer die Augen.
Der *Eremit* wird heimgerufen.
Der *Tenor* hört die Englein singen.
Der *Spanner* ist weg vom Fenster.
Der *Beamte* entschläft sanft.

Berufe

Letzte Worte

... des *Architekten*: »Mir fällt da gerade was ein ...«

... des *Detektivs*: »Klarer Fall. Sie sind der Mörder!«

... des *Fluglehrers*: »Nun probieren Sie es doch mal alleine.«

... des *Fahrlehrers*: »Die Ampel ist rot ...«

... des *Nachtwächters* »Ist da jemand?«

... des *Studenten*: »Ich gehe in die Mensa. Kommt ihr mit?«

... des *Turmspringers*: »Das Wasser ist heute aber schön klar.«

... des *Türstehers*: »Nur über meine Leiche.«

Ein *Polizist* sitzt weinend auf einer Mauer.

Da kommt ein Mann und fragt: »Was haben Sie denn?«

Der Polizist: »Mein Polizeihund ist weggelaufen!«

Der Mann: »Ach, machen Sie sich doch keine Sorgen, der findet auch allein wieder aufs Revier!«

Der Polizist: »Der Hund schon, aber ich nicht!«

Der *Politiker* Stoiber ist zu Gast bei der Queen in London. Nach ein bisschen Smalltalk fragt er die Queen, was das Geheimnis ihres großen Erfolges sei. Die Queen meint, man müsse nur viele intelligente Leute um sich herum haben. »Wie wissen Sie so schnell, ob jemand intelligent ist?«, fragt Stoiber.

»Lassen Sie es mich demonstrieren«, antwortet die Queen. Sie greift zum Telefon, ruft Tony Blair an und stellt ihm eine Frage: »Mr. Premierminister. Es ist der

Sohn Ihres Vaters, ist aber nicht Ihr Bruder. Wer ist es?« Ohne zu zögern antwortet Toni Blair: »Ganz einfach, das bin ich!« – »Sehen Sie«, sagt die Queen, »mit solchen Fragen teste ich regelmäßig die Intelligenz der Leute, die um mich herum sind.«

Begeistert fliegt Stoiber zurück nach Deutschland. Zu Hause angekommen, ruft er sofort Schröder an, um ihm dieselbe Frage zu stellen. »Es ist der Sohn deines Vaters, ist aber nicht dein Bruder. Wer ist es?« Nach langem Hin und Her sagt Schröder: »Ich habe keine Ahnung, ich werde aber versuchen, die Antwort bis morgen herauszufinden!« Schröder kommt und kommt nicht drauf und ruft letztendlich bei Fischer an.

»Es ist der Sohn deines Vaters, ist aber nicht dein Bruder. Wer ist es?«, fragt er Fischer. »Ganz leicht, das bin ich!«, antwortet Fischer.

Glücklich, die Antwort gefunden zu haben, ruft Schröder bei Stoiber an und jubelt: »Ich hab die Antwort, es ist der Fischer!« Stoiber brüllt ihn triumphierend an: »Nein, du Trottel, es ist der Tony Blair!«

Patient zum *Psychiater*: »Ach, Herr Doktor, bitte, bitte, geben Sie mir doch ein Küsschen!« Psychiater: »Nein, das geht nicht. Eigentlich dürfte ich gar nicht mit Ihnen auf der Couch liegen.«

Koch: »Was hat der Gast gerade ins Beschwerdebuch geschrieben?«
Ober: »Gar nichts, er hat das Schnitzel eingeklebt.«

Der Gast will zahlen. Ober: »Was hatten Sie denn?« – »Das weiß nur der *Koch*, bestellt hatte ich Forelle.«

Der *Kellner* liegt auf dem Operationstisch im Krankenhaus. Da kommt ein Arzt vorbei, der schon oft bei ihm im Gasthaus gegessen hat. »Herr Doktor, helfen Sie mir«, stöhnt der Kellner. Der Arzt zuckt die Achseln: »Bedaure, aber das ist nicht mein Tisch. Kollege kommt gleich!«

Eine *Kuh* des Riesser-Bauern ist krank. Besorgt fragt er seinen Nachbarn: »Was hast du denn damals deiner Kuh gegeben, als sie so krank war?« – »Salmiak-Geist.« Gesagt, getan. Nach einer Woche besucht der Riesser-Bauer seinen Nachbarn. »Meine Kuh ist tot«, sagt er. Darauf der andere: »Meine damals auch.«

Ein *Physikstudent*, ein *Mathematikstudent* und ein *Medizinstudent* bekommen von ihren Professoren jeweils ein Telefonbuch vorgelegt.
Der Physikstudent: »Ich kann aus diesen Messergebnissen nicht auf den Versuch schließen und damit ist das Ergebnis wertlos!«
Der Mathematikstudent: »Diese Nummern lassen sich nicht als mathematische Folge darstellen, damit sind sie per Definition Definitionen. Und ohne erkennbaren Zusammenhang sind diese Definitionen wertlos.«
Der Medizinstudent schaut seinen Professor nur müde an und fragt: »Bis wann soll ich die können?«

Unterhalten sich zwei *Krankenschwestern*: »Heute haben wir einen bekommen, der hat alles. Syphilis, Aids, Herpes, Krebs, Cholera, Hepatitis, Ruhr …!« – »Und was macht ihr mit dem?« – »In der Früh bekommt er einen Toast, zu Mittag eine Pizza und am Abend ein Omelette!« – »Und, das hilft?« – »Nein, aber das geht unter der Tür durch!«

Ein *Mathematiker* spaziert mit seinem Freund durch die australische Steppe. Da sehen sie eine riesige Herde Schafe. Der Freund denkt laut: »Wahnsinn, wie viele das wohl sein mögen?« Darauf der Mathematiker: »Das sind genau 3.746!«
Der Freund möchte natürlich wissen, wie er das so schnell gemacht hat, daraufhin der Mathematiker: »Ist doch gar kein Problem. Einfach die Beine zählen und durch vier teilen.«

Der *Dekan*, der auch für die Finanzen zuständig ist, an die Fakultät für Physik: »Warum braucht Ihr so viel Geld für Labore, teure Ausstattung und so was? Warum könnt Ihr nicht einfach wie die Mathematiker sein? Die brauchen nur Geld für Stifte, Papier und Papierkörbe. Oder besser noch wie die Philosophie-Fakultät. Die brauchen nur Geld für Stifte und Papier!«

Lehrling zum *Meister*: »Wissen Sie eigentlich, wie man einen Idioten neugierig macht?« – »Nein, wie denn?« – »Ich erzähl's Ihnen morgen!«

Tagesschau: Dem *Sprecher* wird ein Zettel auf den Tisch gelegt. »Soeben erreicht uns noch eine Meldung: Sie haben einen Rest Spinat zwischen den Schneidezähnen.«

Zwei *Politiker* auf dem Weg zu einer Sitzung: »Was sagten Sie neulich in Ihrer Rede zur Rentenreform?« – »Nichts.« – »Das ist mir klar, aber wie haben Sie es formuliert?«

Ein *Priester* in den besten Jahren und eine junge Frau befinden sich auf einer Reise in den Alpen, als sie von einem großen Schneesturm überrascht werden. Sie können sich aber glücklicherweise bis zu einer Hütte durchkämpfen. Dort angekommen bereiten sie sich für die Übernachtung vor. Es gibt sogar einen ganzen Schrank voll Decken und einen Schlafsack, allerdings nur ein Bett. Als Gentleman weiß der Priester natürlich, was sich gehört und sagt zu seiner Begleiterin: »Sie schlafen im Bett! Ich nehme den Schlafsack.«
Gerade hat der Priester den Reißverschluss des Schlafsacks und auch seine Augen geschlossen, da tönt es aus dem Bett: »Vater, mir ist kalt.« Der Priester befreit sich aus dem Schlafsack, greift eine weitere Decke und breitet sie über der Frau aus. Dann mummelt er sich zum zweiten Mal in den Schlafsack und beginnt wieder in das Reich der Träume zu gleiten.
Noch einmal ist zu hören: »Vater, mir ist noch immer kalt.« Die gleiche Prozedur: Der Priester kriecht aus

dem Schlafsack, breitet noch eine weitere Decke über der Frau aus und legt sich wieder schlafen.

Gerade hat er seine Augen geschlossen, da sagt sie erneut: »Vater, mir ist ja soooooooo kalt …!« Dieses Mal bleibt der Geistliche, wo er ist, und antwortet: »Ich habe eine Idee. Wir sind hier oben von der Außenwelt abgeschnitten und keine Seele wird jemals erfahren, was sich heute Nacht hier abgespielt hat!« Er grinst dabei schelmisch und fügt hinzu: »Wir könnten doch einfach so tun, als wären wir verheiratet …«

Die junge Frau hat insgeheim hoffnungsvoll schon darauf gewartet und haucht: »Oh ja – das wäre schön.« Darauf brüllt der Priester: »Dann steh' gefälligst auf und hol' dir deine Decke selbst!«

Ein Mann wird in der *Oper* von der Platzanweiserin gefragt: »Ein Textbuch gefällig, der Herr?« Der Mann freundlich: »Nein, danke. Ich werde heute nicht mitsingen!«

Der *Oberarzt* trifft einen jungen Kollegen, der gerade aus dem OP kommt:
»Na, wie war deine erste Operation?« Der läuft puterrot an: »Operation? Ich dachte, das wäre eine Obduktion.«

Fragt der *Ober*: »Ihr Glas ist leer. Möchten Sie noch eins?«
Darauf der Gast: »Nein, was soll ich denn mit zwei leeren Gläsern?«

Gast: »Das Schnitzel hier schmeckt wie ein alter Hauslatschen, den man mit Zwiebeln eingerieben hat!« Ober: »Donnerwetter! Was Sie nicht schon gegessen haben!«

Ober: »Sie brauchen das Besteck nicht an der Tischdecke abzuwischen, es ist sauber. Außerdem machen Sie damit die Tischdecke schmutzig.«

»Herr *Ober*, in meiner Suppe schwimmt ein Hörgerät!« – »Häääh?« …

Gast: »Herr Ober, ich will dinieren.« *Ober*: »Bedauere, die Nieren sind aus!«

Ein verheiratetes *Ehepaar* kommt zur Geburt ins Krankenhaus. Bei ihrer Ankunft teilt ihnen der Arzt mit, dass er eine neue Maschine erfunden hat, die einen Teil der Wehenschmerzen auf den Vater übertragen kann. Er fragt das Paar, ob sie es ausprobieren wollen. Beide sind begeistert davon. Der Arzt setzt die Skala der Schmerzübertragung auf zehn Prozent. Er erklärt, dass selbst diese zehn Prozent mehr Schmerzen erzeugen, als der Vater je erfahren hat. Aber als die Wehen einsetzen, fühlt sich der Ehemann ausgezeichnet und bittet den Arzt, noch eine Stufe höher zu gehen. Der Arzt stellt die Maschine auf 20 Prozent. Dem Ehemann geht es weiterhin sehr gut. Der Arzt prüft den Blutdruck des Mannes und ist erstaunt, wie gut es diesem geht. Daraufhin beschließen sie, auf 50 Prozent zu gehen. Der Ehemann fühlt sich gut. Da es seiner Frau beträchtlich zu helfen scheint, ermutigt er den Arzt, alle Schmerzen auf ihn zu übertragen. Die Frau bringt ein gesundes Baby ohne Schmerzen auf die Welt. Sie und ihr Mann sind hellauf begeistert. Als sie beide nach Hause kommen, liegt der Postbote tot auf der Veranda.

Was sagt ein arbeitsloser *Physiker* zu einem, der Arbeit hat?
»Einen Big Mac mit Pommes, zum Mitnehmen bitte!«

Die Polizei stoppt einen *Lkw-Fahrer*: »Was ist denn mit den Rücklichtern los?« Der Fahrer steigt aus, geht um sein Auto, wird kreidebleich und sinkt fassungslos auf die Knie. »Kein Grund zur Panik«, beruhigt ihn der Polizist. »Ich möchte doch nur wissen, was mit den Rücklichtern los ist.« – »Was scheren mich die Rücklichter«, brüllt der Fahrer. »Wo zum Teufel ist mein Anhänger?«

Was sind die vier schwersten Jahre im Leben eines *Fahrscheinkontrolleurs*?
Die erste Klasse.

Ein *Systemadministrator* erhält von einer Firma die Beschwerde, dass ihr Netzwerk oft zusammenbricht. Und zwar regelmäßig freitags zwischen 13.25 Uhr und 13.45 Uhr. Jede Woche das Gleiche, man kann die Uhr danach stellen.

Der Administrator macht sich auf die Socken, checkt alle Rechner und den Server. Das Netz ist tipptopp eingerichtet, alles läuft. Er kann nichts erkennen. Also beschließt er, sich freitags in den Serverraum zu begeben, vor den Server zu setzen und auf 13.25 Uhr zu warten.

Punkt 13.25 Uhr geht die Tür auf, herein kommt die Putzfrau, zieht das Serverkabel aus der Steckdose, steckt ihren Staubsauger ein und saugt den Teppich.

Eine Frau geht zum *Arzt* und klagt: »Herr Doktor, immer wenn ich rauche, denke ich an Sex, was soll ich tun?« Doktor: »Ach, erst rauchen wir mal eine und dann sehen wir weiter!«

Am Ende der Verhandlung sagt der *Richter* zum Angeklagten: »Sie können wählen zwischen zehn Tagen Gefängnis und 1.000 Euro.« – »Dann nehme ich natürlich das Geld!«

Worin unterscheidet sich eine gute von einer sehr guten *Sekretärin*?
Eine gute Sekretärin sagt: »Guten Morgen, Chef.«
Eine sehr gute sagt: »Es ist Morgen, Chef!«

Fährt der Chef seine *Sekretärin* an: »Seit wann wird denn ›physikalisch‹ mit ›f‹ geschrieben?« Klagt sie: »Was kann ich dafür, dass am Computer das ›v‹ kaputt ist.«

Freitagmittag auf der Baustelle. Der träge *Bauleiter* zu seinen Leuten: »Seht ihr das Ungeziefer da hinten auf dem Gerüst?« Allgemeines Kopfschütteln. »Sehr gut! Dann machen wir jetzt Feierabend – wegen schlechter Sicht.«

»Herr Doktor, der *Simulant* auf Zimmer neun ist gestorben.« – »Also jetzt übertreibt er.«

Nach einem dreimonatigen Manöver stellt sich der *Oberkommandierende* vor die versammelte Truppe und verkündet: »Soldaten! Endlich haben wir vom Generalstab die Erlaubnis bekommen, die Unterwäsche zu wechseln. Also: Meier wechselt mit Schulz, Müller mit Lehmann, Schneider mit Ludwig ...«

Jeder verstorbene *Beamte* hinterlässt im Büro eine Lücke, die ihn voll ersetzt.

Doktor zum Patienten: »Sie sind sterbenskrank, und Ihnen verbleibt nicht mehr viel Zeit!«
Patient: »Wie viel habe ich denn noch?«
Doktor: »Zehn.«
Patient: »Zehn was? Jahre, Monate, Wochen?«
Doktor: »Neun ...«

Anruf beim Wasserwerk: »Sie haben bei mir einfach das Wasser abgestellt. Wer ersetzt mir nun den Verdienstausfall?« – »Wer spricht denn dort?« – »*Weinhändler* Müller!«

Sitzen ein *HNO-Arzt*, ein *Augenarzt*, ein *Urologe* und ein *Gynäkologe* in der Kneipe. Steht der HNO-Arzt auf und sagt: »Ich gehe, wir hören voneinander!« Sagt der Augenarzt: »Ich komm mit. Wir sehen uns!« Dann steht der Urologe auf und sagt: »Ich verpiss mich auch!« Ruft der Gynäkologe hinterher: »Grüßt eure Frauen. Ich schau mal wieder rein!«

Eine österreichische Straßenmarkierungsfirma benötigt einen neuen *Mitarbeiter*. Sie lassen einige Leute vorarbeiten und suchen sich den besten aus. Er hat am ersten Tag gleich 30 gerade weiße Striche geschafft. Am zweiten Tag schafft er nur noch 15 Striche. Der Chef denkt sich: »Na ja, ist auch noch okay.« Doch am dritten Tag schafft der neue Mitarbeiter nur noch einen Strich.
Der Chef beauftragt den Vorarbeiter mit dem Mitarbeiter zu reden, was denn los sei.
Vorarbeiter zum Arbeiter: »Sag mal, was ist denn los mit dir? Am ersten Tag schaffst du 30 Striche, gestern nur noch 15 und heute grad mal einen!?« Der neue Mitarbeiter entschuldigend: »Ja schau mal, wo der Farbeimer steht!«

Die Passagiere warten in einer vollbesetzten Maschine, damit diese den Flughafen verlässt. Der Eingang öffnet sich, und zwei Männer in Pilotenuniformen kommen den Gang entlang. Beide tragen verdunkelte Augengläser. Einer der beiden führt einen Blindenhund an der Leine, und der andere tappt sich seinen Weg mit einem weißen Stock den Gang entlang. In der Maschine entfalten sich laute und nervöse Gespräche, trotzdem gehen die Männer ins Cockpit, schließen die Tür und starten die Triebwerke.

Die Passagiere werfen sich nervöse und flüchtige Blicke zu und suchen irgendein Zeichen, dass es sich hierbei um einen schlechten Scherz handelt. Aber die Maschine zieht schneller und schneller die Flugpiste entlang, und die Leute auf den Fensterplätzen realisieren, dass geradeaus am Ende der Flugpiste nur noch das Meer ist.

Als es so aussieht, dass die Maschine nie im Leben abheben und im Meer versinken wird, füllt sich auf einmal die Kabine mit panischem Geschrei. Aber genau in diesem Moment hebt die Maschine sanft in die Luft ab. Im Cockpit dreht sich der Co-Pilot zum *Piloten* und sagt: »Du weißt, Andreas, eines Tages werden die Leute zu spät schreien, und dann werden wir alle sterben.«

Treffen sich ein *Architekt* und ein *Anwalt*. Fragt der Anwalt den Architekten: »Wie geht's dir denn?« – »Prima, mir fällt nichts mehr ein. Und bei dir?« – »Schlecht, ich kann nicht klagen!«

Der *Oberarzt* zur Lernschwester: »Haben Sie dem Patienten von Zimmer acht das Blut abgenommen?« – »Ja natürlich, aber mehr als sechs Liter habe ich aus ihm nicht herausbekommen.«

Sagt der Ehemann zur *Blumenverkäuferin*: »Einhundert Rosen bitte!« – »Mein Gott – was haben Sie denn angestellt?«

Auf einem Überseeflug erschüttert mitten über dem Atlantik plötzlich ein Stoß die Maschine. Der *Pilot* meldet sich über Lautsprecher: »Meine Damen und Herren, wenn Sie zur linken Seite hinausschauen, sehen Sie, wie unsere linke Tragfläche brennt. Aber machen Sie sich keine Sorgen, wir haben alles unter Kontrolle.« Wenig später erschüttert ein weiterer Stoß das Flugzeug. Der Pilot meldet sich wieder: »Wenn Sie nun aus den rechten Fenstern sehen, erkennen Sie, dass auch unser rechter Flügel brennt.« Helle Aufregung herrscht. Nach dem dritten Rums meldet sich der Pilot nochmals: »Und wenn Sie jetzt wieder zur Linken aus auf das Wasser hinunterschauen, erkennen Sie das kleine Rettungsboot, aus dem meine Crew und ich zu Ihnen sprechen!«

»Ist das auch wirklich der Schädel von Cleopatra?«, fragt der Tourist den *Antiquitätenhändler*. »Aber gewiss doch«, versichert der. »Und der kleinere da?« – »Auch Cleopatra, als sie noch ein Kind war.«

Kommt ein 16-Jähriger in die Apotheke und sagt: »Ich hätte gerne ein Kondom, ich esse heute bei meiner Freundin und die will mich ihrer Familie vorstellen und dann wollen wir Sex haben.« Der *Apotheker* gibt Hans ein Kondom und sagt, das würde zwei

Euro kosten. Hans sagt ganz angeberisch: »Geben Sie mir lieber zwei davon, vielleicht verführe ich ihre Mutter auch noch.« Der Apotheker gibt Hans zwei Kondome und der Junge bezahlt die vier Euro. Dann kommt der Abend und Hans sitzt bei der Freundin am Tisch, guckt die ganze Zeit auf den Boden und spricht kein Wort. Da sagt die Freundin: »Hans, ich wusste gar nicht, dass du so schüchtern bist.« Hans erwidert: »Ich wusste gar nicht, dass dein Vater Apotheker ist.«

Ein Mann kommt in die Apotheke und fragt: »Haben Sie etwas Zucker?« Der *Apotheker* geht nach hinten und kommt mit einem Beutel Zucker wieder. »Haben Sie vielleicht auch einen Löffel?«, fragt der Mann. Der Apotheker langt unter die Theke und holt einen Löffel hervor.
Der Mann holt einen Löffel voll Zucker aus dem Beutel, zieht ein kleines Fläschchen aus der Tasche und träufelt vorsichtig zwanzig Tropfen auf den Zucker. »Probieren Sie doch mal«, sagt er zum Apotheker.
Der probiert den beträufelten Zucker und fragt: »Und was soll das jetzt bedeuten?« – »Ach, nichts weiter, mein Arzt hat zu mir gesagt: Gehen Sie in die Apotheke und lassen Sie Ihren Urin auf Zucker testen!«

Die *Braumeister* von Wieselburger, Löwenbräu und Berliner Pilsener treffen sich in einer Kneipe. Der Wieselburger-Braumeister bestellt sich ein Wieselburger Gold, der von Löwenbräu ein helles Löwenbräu und der von Berliner Pilsener eine Cola. Fragen ihn die beiden anderen, warum er denn eine Cola bestellt hat. Antwort: »Wenn Ihr kein Bier trinkt, trinke ich auch keins.«

Streiten sich ein *Chirurg*, ein *Architekt* und ein *Politiker*, welches der älteste Beruf der Welt sei. Chirurg: »Gott hat Adam eine Rippe entnommen und damit Eva erschaffen. Dies war die erste Operation. Also ist Chirurg der älteste Beruf.« Architekt: »Bevor Gott Adam geschaffen hat, hat er die Welt aus einem Chaos erschaffen. Wer könnte das, außer einem Architekten?« Daraufhin der Politiker lässig: »Ja, aber wer hat das Chaos geschaffen?«

Betritt ein *Mathematiker* ein Fotogeschäft. »Ich hätte gern einen Farbfilm.« – »24 x 36?«, wird er gefragt. »864, warum?«

Der junge *Schriftsteller* schickt seinen ersten Roman an den Verlag. Nach zwei Wochen kommt die Antwort: »Leider können wir das Papier nicht kaufen – da es schon beschrieben ist.«

»Leider sind Sie nicht der Mann, den wir uns für diese äußerst wichtige Position im Verkauf vorgestellt haben«, verabschiedet der *Personalchef* den Bewerber. »Aber der Mann, der Ihnen diesen Anzug angedreht hat, der interessiert mich.«

Treffen sich zwei *Beamte*. Erzählt der eine: »Ich habe gestern drei Überstunden gemacht!« Sagt der andere: »So? Was habt ihr denn gefeiert?«

Ein *Mathematiker* kommt nach Hause, schenkt seiner Frau einen großen Strauß Rosen und sagt: »Ich liebe dich!« Sie nimmt die Rosen, haut sie ihm um die Ohren, gibt ihm einen Tritt und wirft ihn aus der Wohnung. Was hat er falsch gemacht? Er hätte sagen müssen: »Ich liebe dich und nur dich!«

Ein Gebrauchtwagen soll 1.073 Euro kosten. Der *Verkäufer* wird wegen des krummen Preises angesprochen. Darauf meint er: »Ich bin jetzt schon zehn Jahre in Branche und wollte endlich mal genau 1.000 Euro an einem Wagen verdienen ...«

Richter in Helsinki bei einem Mordprozess: »Angeklagter, wo waren Sie in der Nacht vom 13. November auf den 4. Februar?«

Der *Schmied* gab dem Lehrling den schweren Hammer. »Wenn ich nicke, haust du zu!«
Er nickte nie wieder!

Als ich mit einigen Freunden letzte Woche in einem vornehmen *Restaurant* gegessen habe, bemerkte ich, dass der *Kellner* in seiner Hosentasche einen *Löffel* mit sich herumtrug. Mir kam das schon ein wenig seltsam vor, aber ich habe mir nichts dabei gedacht.

Berufe

Später stellte ich aber fest, dass alle anderen Kellner ebenfalls einen Löffel bei sich trugen. Als unser Kellner vorbeikam, um unsere Bestellung aufzunehmen, musste ich ihn fragen. »Warum tragen Sie einen Löffel in der Hosentasche?« – »Nun«, erzählte er, »eine Betriebsberatungsfirma war neulich bei uns, um unsere Geschäftsprozesse zu untersuchen. Nach vielen Monaten und noch mehr Analysen haben sie festgestellt, dass unsere Gäste drei Löffel pro Stunde pro Tisch auf den Boden fallen lassen. Um darauf vorbereitet zu sein, tragen wir jetzt alle Löffel in der Tasche, müssen nicht jedes Mal in die Küche gehen und sparen dadurch fast 1,5 Stunden pro Schicht.« Er war kaum mit seiner Erzählung fertig, schon machte es hinter uns Ping und er ersetzte den gefallenen Löffel durch den aus seiner Tasche. »Ich werde beim nächsten Gang in die Küche einen neuen Löffel holen«, sagte er stolz, »statt jetzt dafür in die Küche rennen zu müssen.« Ich war beeindruckt. »Danke«, sagte ich, »ich musste einfach fragen.« – »Kein Problem«, erwiderte er und nahm unsere Bestellung weiter auf.

Dann bemerkte ich einen dünnen schwarzen Faden, der aus seinem Hosenschlitz herausschaute. Zuerst habe ich mir nichts dabei gedacht, aber musste zu meinem Erstaunen feststellen, dass alle Kellner ebenfalls einen schwarzen Faden am Hosenschlitz hatten. Fast vor Neugier platzend, musste ich auch danach fragen.

»Ach ja«, sagte er diesmal etwas leiser, »nicht allzu viele Leute sind so aufmerksam. Aber die Betriebsberatungsfirma hat auch herausgefunden, dass wir in der Toilette Zeit sparen können.« – »Wie das?«, fragte ich. – »Sehen Sie, dieser Faden wird an unser, ähhh, Ding gebunden, und wenn wir müssen, können wir es sozusagen an diesem Faden herausziehen und müssen uns dann die Hände nicht waschen. Damit sparen wir über 90 Prozent der Zeit, die im Waschraum sonst verbracht wird.« – »Ja, das macht schon Sinn«, meinte ich, sah aber ein Problem dabei. »Aber wenn Sie es mit dem Faden herausziehen, wie stecken Sie es dann wieder hinein?« – »Na ja«, meinte er, »ich weiß nicht, wie die anderen es machen, aber ich benutze den Löffel.«

Randgruppen

Jedes Land macht Witze über einen Teil des eigenen Landes oder über ein benachbartes Land. Innerhalb Deutschlands sind die Ostfriesen ein beliebtes Ziel, in Österreich sind es die Burgenländer oder die Schweizer. In den USA macht man Witze über Polen und Russland. Allgemein scherzt man gerne über Blondinen und Polizisten. Die meisten der folgenden Witze habe ich in verschiedenen Randgruppenbezügen gehört und versucht, sie möglichst »gerecht aufzuteilen«! Natürlich gibt es Witze, die auf Vorurteilen beruhen, die nur auf spezielle Personengruppen passen.

Beim Erzählen gilt wieder: niemanden in der Runde kränken! Wenn ein Vertreter einer Gruppe anwesend ist, überlegen Sie vorher, ob er Humor hat oder ob er beleidigt sein könnte. Es gilt ja, dass wir unterhalten wollen, nämlich alle! Falls diese Person dann ihrerseits einen Witz erzählt, der Sie betrifft, beweisen Sie, dass Sie Spaß verstehen!

Ein russischer Kosmonaut, ein amerikanischer und ein ostfriesischer Astronaut sitzen an der Bar und trinken Bier. Der russische Kosmonaut sagt: »Wir Russen sind die Besten, denn wir waren die Ersten im *Weltall*!« Der amerikanische Astronaut unterbricht ihn und sagt: »Unsinn! Wir sind die Besten, denn wir waren die Ersten, die auf dem Mond spazieren gegangen sind!« Der ostfriesische Astronaut erwidert: »Pah! Seid nicht kindisch! Wir Ostfriesen sind die Besten, denn wir werden als erste auf der Sonne landen.«

Der Russe und der Ami drehen sich zum Ostfriesen um und sagen: »Da wirst du verbrennen, du Dummkopf!« Meint der *Ostfriese*: »Selber Dummköpfe! Wir fliegen natürlich nachts hin!«

Der folgende Witz ist so genial, weil im letzten Moment die Zielgruppe geändert wird:

Ein *Bayer* möchte *Ostfriese* werden und fragt den Arzt, ob das möglich sei. Dieser meint: »Ja, aber da muss ich Ihnen ein Fünftel Ihres Gehirns wegnehmen!« Der Bayer ist einverstanden, die Operation verläuft wunderbar. Als der Patient aufwacht, gesteht der Arzt: »Mir ist leider ein Fehler unterlaufen, ich habe Ihnen nicht ein Fünftel genommen, sondern ein Fünftel gelassen und vier Fünftel genommen!« – »Macht nix«, sagt der Bayer, »*Schweizer* bin ich auch gern!«

Ein *ostfriesischer Falschgelddrucker* stellt versehentlich 90-Euro-Noten her und überlegt dann, am leichtesten würde er die in Österreich im Burgenland los. In einer Trafik dort fragt er die alte Verkäuferin, ob sie ihm wechseln kann. »Klar«, sagt sie, »wollen Sie lieber drei Dreißiger oder zwei Fünfundvierziger?«

Bei einer ähnlichen Operation wurde versehentlich das gesamte Gehirn entfernt. Wissen Sie, was das Erste war, das der Patient nach dem Aufwachen gesagt hat: »Führerscheinkontrolle, die Wagenpapiere, bitte!«

Ein *Ostfriese* steigt in ein Taxi und lässt sich zur nächsten Telefonzelle fahren. Dort steigt er aus, geht hinein, kommt kurz darauf zurück und lässt sich zur nächsten Telefonzelle fahren. Dort das gleiche Spiel, hinein, hinaus und ab zur nächsten Zelle. Der Taxifahrer fragt verwundert: »Was tun Sie da eigentlich?« – »Na, ich gehe hinein, hebe den Hörer ab und frage: ›Wer ist der schönste Ostfriese?‹ und da höre ich ›tuuuuuu‹!«

Ein *Ostfriese* zum anderen: »Glaubst du, der Mond ist bewohnt?« – »Na klar, da oben scheint doch Licht.« Meint der erste: »Da muss aber ein Riesengedränge sein, wenn Halbmond ist!«

Was wenige wissen: Russland hat nach der Tschernobyl-Katastrophe die Briefkästen der angrenzenden Ortschaften als Mikrowellenherde an die *Ostfriesen* verkauft.

Zwei *Verrückte* gehen auf einem Bahngleis. Der eine sagt: »Das ist aber eine lange Treppe!« Meint der andere: »Das wäre ja nicht so schlimm, wenn das Geländer nicht so tief wäre!« Bemerkt der erste: »Psst, leise – ich glaub, ich höre den Aufzug kommen!«

Frage: Was macht ein *Burgenländer*, wenn ihm kalt ist?
Antwort: Er stellt sich in die Ecke, dort hat es 90 Grad!

Kennen Sie das *ostfriesische Lotto*? »2 aus 3«! Nächste Woche gibt es bereits einen Jackpot!

Das Spielkasino in Wiesbaden musste kurzfristig gesperrt werden. Warum – weil ein Bus mit *Saarländern* da war, die alle Chips aufgegessen haben.

Ein Schweizer fragt einen *Vorarlberger*: »Was ist das? Es ist braun, hat vier Beine, steht auf der Wiese und ist strohdumm.« Der Vorarlberger denkt etwa eine Stunde nach, und antwortet: »Ich weiß es nicht.« Der Schweizer löst das Rätsel: »Das bist du und dein Bruder.«
Dem Vorarlberger gefällt dieser Witz und er will ihn sogleich weitererzählen. Er geht zu einem Italiener und fragt: »Was ist das? Es ist braun, hat vier Beine, steht auf der Wiese und ist strohdumm.« Der Italiener antwortet: »Ich glaube, dies ist eine Kuh.« Doch der Vorarlberger verneint: »Nein, das bin ich und mein Bruder.«

Neulich bei der Jagd: Zwei *Vorarlberger* pirschen durch die Fluren. Plötzlich schwebt ein *Drachenflieger* über sie hinweg. Darauf der eine: »Koarl! Ein Adler, da, ein Adler – komm schieß!«
Karl legt an. Schuss! Der andere: »Hast' ihn getroffen?« – »Nein.« – »Schieß noch einmal!« Schuss!

»Hast' ihn getroffen?« – »Nein, aber die Beute hat er fallen lassen.«

Ein *Steirer* und ein *Vorarlberger* sitzen im *Kino*. Kurz vor der Pause erscheint ein *Kaktus* auf der Leinwand und weit hinten sieht man einen Cowboy sich nähern. Das Licht geht an. Der Steirer sagt zum Vorarlberger: »Wetten, der Cowboy reitet in den Kaktus?« Der Vorarlberger antwortet: »Das glaube ich nicht. So dumm ist dieser Cowboy nicht.« Die beiden verabreden, dass sie nach der Vorstellung eine Flasche Wein trinken gehen und dass der Verlierer der Wette bezahlt. Nach der Pause zeigt sich, dass der Steirer die Wette gewinnt. So genießen die beiden nach der Vorstellung eine Flasche Wein in einem Restaurant. Kurz bevor es ans Bezahlen geht, gesteht der Steirer: »Ich muss dir gestehen, dass die Wette nicht fair war. Ich habe den Film bereits zum zweiten Mal gesehen.« Darauf der Vorarlberger: »Ja, und ich zum fünften Mal. Aber ich hätte nie gedacht, dass dieser Dummkopf noch einmal in den Kaktus reitet.«

Ein betrunkener *Tiroler* beschließt im Februar, angeln zu gehen. Er sucht sich einen geeigneten Platz aus und sägt ein Loch ins Eis. Plötzlich hört er eine dröhnende Stimme: »Hier wirst du keine Fische finden!« Er ignoriert die Stimme und sägt munter weiter. Wieder die Stimme: »Hier gibt es keine Fische!« – »Bist du's, lieber Gott?«, fragt der Tiroler. »Nein, der Besitzer dieses Eislaufplatzes!«

Einige *Salzburger* feiern ausgelassen in einem Restaurant. Ein unbeteiligter Mann kommt herein und sieht die Feier. Er fragt einen der Salzburger, was sie denn zu feiern hätten. Der Salzburger antwortet: »Wir haben soeben ein 100-teiliges Puzzle innerhalb von nur vier Tagen gelöst.« – »Entschuldigung«, sagt der Mann, »ich kann leider nicht sehen, was es denn da zu feiern gibt.« Der Salzburger antwortet: »Na, auf der Packung stand ›drei bis sechs Jahre‹.«

Ein *Wiener*, ein *Bayer* und ein *Berner* stehen in der Kneipe. Die Tür geht auf – der neue Gast ist Jesus. »Ich heile durch Handauflegen«, erklärt er. Der Wiener sogleich: »Hier bitte, mein Tennisarm.« Jesus legt seine Hand auf den Arm. »Super«, sagt der Wiener, »der Schmerz ist weg.« Kommt der Bayer zu Jesus und sagt: »Mach' mal bitte meinen Nacken wieder heil.« Gesagt, getan. Jesus heilt auch ihn durch seine Betastung und dreht sich zum Berner um. »Fass mich ja nicht an«, schreit der Berner, »ich bin noch sechs Wochen im Krankenstand!«

Ein *Wiener*, ein *Münchner* und ein *Berner* gehen auf die Jagd. Als Erster geht der Wiener und kehrt nach einer Stunde mit einem kapitalen Hirsch zurück. Die anderen staunen und fragen: »Wie hast du das geschafft?« Der Wiener: »Ich bin in den Wald gegangen, habe eine Höhle gefunden und in die habe ich reingeröhrt, dann hat's rausgeröhrt, dann habe ich nochmals geröhrt und dann war er da, der Hirsch.«

Danach geht der Münchner auf die Jagd. Er kommt nach zwei Stunden mit einem Braunbären wieder. Die anderen staunen und fragen: »Wie hast du denn das gemacht?« Der Münchner meint: »Ich bin in den Wald gegangen, habe eine Höhle gefunden und hineingebrummt, dann hat's rausgebrummt, dann habe ich nochmals gebrummt und dann war er da, der Bär!« Danach geht der Berner auf die Jagd. Der Berner kommt erst nach zehn Stunden mit einer Gipshand zurück. Die anderen staunen und fragen: »Was ist passiert?« Der Berner erzählt: »Ich bin in den Wald gegangen, habe eine Höhle gefunden und in die habe ich reingepfiffen, dann hat's rausgepfiffen, dann habe ich nochmals gepfiffen und dann war er da ... der Zug!«

Warum haben blonde Frauen oft so viele blaue Flecken in der Bauchnabelgegend? Weil es auch *blonde Männer* gibt!

Eine *Blondine* und ein *Rechtsanwalt* sitzen im Flugzeug nebeneinander. Der Anwalt möchte mit seiner Intelligenz imponieren und fragt die Blondine, ob sie nicht Lust hätte auf ein interessantes Spiel. Doch die Blondine ist müde und will nur schlafen. So verneint sie höflich und dreht sich zum Fenster. Doch der Rechtsanwalt ist hartnäckig und sagt: »Sie werden sehen, das Spiel ist ganz einfach und sehr lustig, es wird Ihnen gefallen. Ich stelle Ihnen eine Frage, und wenn Sie die Antwort nicht wissen, zahlen Sie mir fünf Dollar und umgekehrt.« Wieder lehnt sie ab. »Also gut«, sagt er, »machen wir es reizvoller für Sie und spannender für mich. Wenn Sie die Antwort nicht wissen, zahlen Sie mir fünf Dollar, und wenn ich die Antwort auf Ihre Frage nicht weiß, zahle ich Ihnen 500 Dollar!« Das weckt das Interesse der Blondine. Sie willigt ein. Der Anwalt stellt die erste Frage: »Wie groß ist die Entfernung zwischen Erde und Mond?« Die Blondine sagt kein Wort, greift wortlos in ihre Tasche und gibt dem Anwalt fünf Dollar. Dann fragt die Blondine: »Was geht mit drei Beinen den Berg hinauf und kommt mit vier Beinen wieder herunter?« Der Anwalt überlegt, nimmt seinen Laptop zur Hilfe, sucht in Google, ruft Freunde an – umsonst. Er findet keine Antwort. Nach zwei Stunden weckt er die Blondine und gibt ihr 500 Dollar. Sie bedankt sich und schläft weiter. Er stupst sie an und sagt: »Jetzt will ich aber die Antwort wissen, also?« Wortlos greift sie in ihre Tasche, gibt ihm fünf Dollar und schläft weiter.

Warum duschen *Blondinen*, bevor sie einen Apfel essen? Weil man Obst nicht ungewaschen essen soll.

Was haben intelligente *Blondinen* und Dinosaurier gemeinsam?
Beide sind bereits ausgestorben.

Eine *Blondine* hat große Geldprobleme und beschließt, ein Kind zu entführen. Sie geht also in den

Park, schnappt sich einen kleinen Jungen und zerrt ihn hinter ein Gebüsch. Auf einen Zettel schreibt sie: »Ich habe Ihren Sohn gekidnappt. Legen Sie morgen früh 100.000 Euro in einer braunen Papiertüte hinter den großen Baum im Park. Unterzeichnet: die Blonde.«

Dann heftet sie den Zettel mit einer Sicherheitsnadel dem Kind innen an den Anorak und schickt es schnurstracks nach Hause. Am nächsten Morgen findet sie hinter dem großen Baum im Park eine braune Tüte mit 100.000 Euro, außerdem einen Zettel: »Hier ist Ihr Geld. Ich hätte nie geglaubt, dass eine Blondine einer anderen so etwas antun kann …«

Was macht eine *Blondine,* wenn ein Computer brennt?
Sie drückt auf die Löschtaste!

Ein Indianer, ein Cowboy und eine *Blondine* sitzen nachts in der Prärie am Lagerfeuer. Plötzlich raschelt es im Gebüsch. Der Indianer steht auf, nimmt sein Gewehr und geht ins Gebüsch. Ein Knall. Der Indianer kommt wieder zurück und setzt sich ans Lagerfeuer. Ein paar Minuten später wieder ein Rascheln im Gebüsch. Der Cowboy steht auf, nimmt sein Gewehr und geht ins Gebüsch. Ein Knall. Der Cowboy kommt wieder zurück und setzt sich ans Lagerfeuer. Einige Minuten danach wieder ein Rascheln im Gebüsch. Die Blondine steht auf, nimmt ihr Gewehr und geht ins Gebüsch. Ein Knall. Noch ein Knall. Da sagt der Cowboy zum Indianer: »Siehst du, das hab ich mir gedacht. Die Blondine tritt zweimal auf den Rechen.«

Warum hat eine *Blondine* immer leere Flaschen im Kühlschrank? Falls Gäste kommen, die nichts trinken wollen!

Geht eine *Blondine* in ein Geschäft und sagt zum Verkäufer: »Ich möchte den Fernseher dort oben kaufen.« – »Nein, an Blondinen verkaufen wir nix!« Einen Tag später kommt sie mit einer braunen Perücke wieder in den Laden und fragt den Verkäufer: »Könnte ich bitte den Fernseher dort oben kaufen?« – »Nein, an Blondinen verkaufen wir nix!« Verwundert verlässt die Blondine den Laden und kommt am nächsten Tag mit einer blauen Perücke in den Laden und fragt wieder den Verkäufer: »Könnte ich bitte den Fernseher dort oben kaufen?« Darauf antwortet wieder der Verkäufer: »Nein, an Blondinen verkaufen wir nix!« Da fragt die Blondine: »Wieso wissen Sie, dass ich eine Blondine bin, obwohl ich eine Perücke aufhabe?« – »Ganz einfach«, antwortet der Verkäufer »das dort oben ist kein Fernseher, das ist eine Mikrowelle!«

Durchsage am Bahnhof: »Abfahrt des ICE nach München um 8.48 Uhr. Für unsere *Blondinen* mit Digitaluhr: Brezel-Stuhl-Brezel.«

Warum lässt eine *Blondine* immer ihre Gartentür offen? Damit die Blumen Luft bekommen.

Kommt ein Mädchen freudestrahlend von der Schule nach Hause und erzählt: »Mutti, wir haben heute zählen gelernt, die anderen können nur bis 3, aber ich kann schon bis 10.« – »Das ist ja schön«, sagt die Mutter. – »Ist das so, weil ich ein *Blondine* bin?«, fragt das Mädchen. – »Ja Kind, das ist, weil du blond bist!«, antwortet die Mutter.
Am nächsten Tag kommt das Mädchen wieder von der Schule und erzählt genauso freudestrahlend: »Heute haben wir das Alphabet gelernt. Die anderen können nur von A bis C, aber ich kann schon von A bis Z.« – »Das ist wirklich großartig«, sagt die Mutter.« – »Ist das so, weil ich eine Blondine bin?«, fragt das Mädchen. »Ja Kind, das ist, weil du blond bist!«, antwortet die Mutter.
Am folgenden Tag kommt das Mädchen wieder freudestrahlend von der Schule und erzählt: »Wir waren heute schwimmen, die anderen haben noch gar keine Brüste und ich habe schon so große«, und zeigt auf ihre Doppel-D-Körbchen. »Ist das so, weil ich eine Blondine bin?«, fragt das Mädchen. – »Nein, Kind«, antwortet die Mutter, »das ist so, weil du 23 bist!«

Ein *Mantafahrer* wird gefragt: »Wie viele rohe Eier kann man auf nüchternen Magen essen?« Sagt er: »Weiß nicht, vielleicht drei?« Man klärt ihn auf: »Nur eines, denn danach hat man ja keinen nüchternen

Magen mehr.« Einen Tag später trifft der Mantafahrer seinen Kumpel. Er fragt ihn: »Wie viele Eier kann man auf nüchternen Magen essen?« Sagt der Kumpel: »Weiß nicht, vielleicht fünf?« Sagt der Mantafahrer: »Schade, hättest du jetzt ›drei‹ gesagt, hätte ich einen Witz gewusst.«

Ein Flugzeug ist auf dem Weg von Frankfurt nach Melbourne, als eine *Blondine* in der ›Economy Class‹ aufsteht und in die viel bequemere ›Business Class‹ geht und sich dort hinsetzt. Die Stewardess beobachtet sie und fragt sie nach ihrem Ticket. Sie erklärt der Blondine, dass sie für die ›Economy Class‹ bezahlt habe und sie solle dorthin zurückgehen und sich dort wieder hinsetzen. Daraufhin antwortet die Blondine: »Ich bin blond, ich bin schön, ich fliege nach Melbourne und ich bleibe hier sitzen.« Die Stewardess geht ins Cockpit und erzählt dem Piloten und dem Co-Piloten, dass in der ›Business Class‹ eine dumme Blondine sitzt, die in die ›Economy Class‹ gehört und nicht zu ihrem Platz zurück will. Der Co-Pilot geht zu der Blondine und versucht ihr zu erklären, dass sie zurück soll, weil sie nur ›Economy Class‹ bezahlt hat. Die Blondine antwortet: »Ich bin blond, ich bin schön, ich fliege nach Melbourne und ich bleibe hier sitzen.« Wutentbrannt erzählt der Co-Pilot dem Piloten, dass es keinen Sinn hätte. Der sagt ganz lässig: »Ich übernehme das. Ich bin mit einer Blondine verheiratet und ich spreche blond!« Er geht zur Blondine und flüstert ihr etwas ins Ohr. Sie sagt:

»Oh, tut mir leid, das wusste ich nicht!«, steht auf und geht zurück zu ihrem Platz in der ›Economy Class‹. Die Stewardess und der Co-Pilot sind beeindruckt und fragen den Piloten, was er der Blondine erzählt habe, damit sie ohne Widerrede zu ihrem Platz zurückgeht. Pilot: »Ich habe ihr erzählt, dass die ›Business Class‹ nicht nach Melbourne fliegt!«

Ein *Mantafahrer*, ein VW-Fahrer und ein Daimlerfahrer hängen am Lügendetektor. Daimlerfahrer: »Ich denke, ich habe das schönste Auto.« – »Piep!« VW-Fahrer: »Ich denke, ich habe das schnellste Auto.« – »Piep!« Mantafahrer: »Ich denke …« – »Piep! Piep! Piep!«

Eine neureiche *Blondine* geht an einem Juweliergeschäft vorbei und sieht in der Vitrine ein Diadem mit Smaragden und Amethysten. Sie geht in das Geschäft hinein und sagt: »Guten Tag, sind Sie der Jubilar?« Der Inhaber stutzt und antwortet: »Ja, gnädige Frau, ich bin der Juwelier, was kann ich für Sie tun?« – »Sie haben da draußen in der Latrine so ein wunderbares Diadom liegen, mit Schmarotzern und Amnestististen besetzt. Was soll das bitte kosten?« Der Juwelier schluckt und sagt: »Liebe gnädige Frau, das kostet 25.000 Euro.« – »Oh, das übersteigt im Moment mein Bidet, kann ich bitte meinen Mann anrufen?« – »Aber natürlich, gnädige Frau.« Sie: »Wo ist denn das Telefon?« Er: »Links herum, die Treppe rauf, dort sehen Sie es schon.« Sie: »Oh, sind Sie explosiv eingerichtet, diese Makkaronidecke und die Lavendeltreppe, so etwas habe ich in einem Geschäft noch nicht gesehen.«

Sie telefoniert mit ihrem Mann, kommt zurück und sagt zu dem Juwelier: »Das geht dann in Ordnung, mein Mann holt das Diadom morgen für mich ab.« Er: »Entschuldigen Sie, aber woran erkenne ich Ihren Mann, gnädige Frau?« Sie: »Gut, dass Sie mich fragen, er kommt in einem bordellfarbenen Januar vorgefahren und hat vorne seine Genitalien eingraviert.«

(*Diadom*: eine Blumenkohlsorte)

Was ist weiß und hüpft von Baum zu Baum?
Ein *österreichischer Arzt* bei der Zeckenimpfung.

Ein *Ostfriese* gibt am Donnerstag seinen Lottoschein ab. Auf dem Nachhauseweg trifft er eine gute Fee. Sagt die Fee: »Du hast einen Wunsch frei.« Sagt der Ostfriese: »Ich hätte gerne die Zeitung vom nächsten Sonntag, mit den Lottozahlen!« Pling! Er hält die Zeitung in der Hand, vergleicht die Zahlen und sagt schließlich: »Verflixt, schon wieder nur eine Richtige!«

Ein Gespräch an der Bar zwischen einem Mann und einem Fremden, vermutlich einem *Ostfriesen*:
Mann: »Sie sind Logiker? Was ist denn das?«
Fremder: »Okay, ich erkläre es: Haben Sie ein Aquarium?«

Mann: »Ja ...«

Fremder: »Jetzt kommt die Logik: Dann sind da auch bestimmt Fische drinnen!«

Mann: »Ja!«

Fremder: »Und weiter die Logik: Wenn da Fische drinnen sind, dann mögen Sie bestimmt Tiere.«

Mann: »Ja!«

Fremder: »Wenn Sie Tiere mögen, dann schließe ich logisch weiter: Sie mögen auch Kinder.«

Mann: »Ja!«

Fremder: »Wenn Sie Kinder mögen, dann haben Sie bestimmt welche!«

Mann: »Ja!«

Fremder: »Wenn Sie Kinder haben, dann haben Sie auch eine Frau.«

Mann: »Ja!«

Fremder: »Wenn Sie eine Frau haben, dann lieben Sie Frauen«

Mann: »Ja!«

Fremder: »Wenn Sie Frauen lieben, dann lieben Sie keine Männer!«

Mann: »Klar!«

Fremder: »Wenn Sie keine Männer lieben, schließe ich letztendlich mittels logischer Überlegung, sind Sie nicht schwul!«

Mann: »Stimmt, Wahnsinn!«

Der Fremde geht und ein Bekannter kommt ...

Mann: »Du, ich muss dir was erzählen: Ich hab grade einen Logiker getroffen!«

Bekannter: »Einen was?«

Mann: »Einen Logiker. Ich erklär's dir. Hast du ein Aquarium?«
Bekannter: »Nein …«
Mann: »Na, dann bist du homosexuell!«

Kohn und David, zwei *Juden*, gehen zum Rabbi. Fragt Kohn: »Rabbi, sag, ist Schwarz eine Farbe?« Der Rabbi antwortet: »Muss ich klären, kommt morgen wieder!« Am nächsten Tag sagt der Rabbi: »Hab ich geklärt: Ja, schwarz ist eine Farbe!« Fragt Kohn: »Dann sag Rabbi, ist Weiß eine Farbe?« Der Rabbi antwortet wieder: »Muss ich klären, kommt morgen wieder!« Am darauffolgenden Tag teilt er mit: »Hab ich geklärt: Ja, Weiß ist auch eine Farbe!« Da sagt Kohn zu David: »Siehst du, hab ich dir gesagt, hab ich dir verkauft einen Farbfernseher!«

In Amerika wurde in den 70er Jahren ein neuartiges Weltraumprojekt gestartet: Ein Schimpanse und eine *Blondine* starten zu einer mehrjährigen Reise durchs Universum. Beiden wird nur je ein Umschlag mitgegeben, der sämtliche Anweisungen enthält.
Nach dem Start der Rakete öffnet der Schimpanse sein Kuvert, liest längere Zeit und fängt dann an, geschäftig mehrere Knöpfe zu drücken, Schalter umzulegen, Regler zu verschieben, Lämpchen zu überprüfen und verschiedene Instrumente einzustellen.
Verwundert öffnet die Blondine darauf ihren Umschlag, nimmt einen kleinen Zettel heraus und liest: Alle zwei Stunden den Affen füttern!

Warum geht eine *Blondine* in der Dusche hin und her? Weil auf der Verpackung ihres Duschgels steht: Wash & Go!

Ein *Yuppie* fährt mit seinem Porsche gegen einen Baum. Er steigt aus, lehnt sich mit seinem rechten Arm gegen eine Laterne und weint herzzerreißend. Bleibt ein anderer Autofahrer stehen, steigt aus und geht zu ihm. »Na, beruhigen Sie sich doch!« »Woooooaaaaaah, mein schöner Porsche, schluchz! Heul!« – »Bitte, jetzt hören Sie auf, über das Auto zu jammern, Ihnen fehlt Ihr linker Arm.« Entsetzt schaut der Yuppie auf seine linke Seite und schreit auf: »Aaaaargh, meine Rolex, meine schöne Rolex!«

Wie fängt man einen *Ostfriesen*? Am einfachsten beim Wassertrinken: Man schlägt einfach den Klodeckel zu.

Woran erkennt man einen *Schweizer* auf einem U-Boot? Das ist der mit dem Fallschirm auf dem Rücken.

Gestern kam ein *Österreicher*, seines Zeichens *Terrorist*, ums Leben: Er wollte eine Briefbombe faxen!

Eine *Blondine* wird von Passanten auf der Straße angesprochen: »Gute Frau, Ihre linke Brust hängt ja heraus.« Blondine: »Verflixt, schon wieder habe ich mein Baby im Bus vergessen!«

Warum nimmt eine *Blondine* immer trockene Brötchen mit aufs Klo?
Sie möchte die WC-Ente füttern.

Eine *Blondine* kriegt Zwillinge und weint ununterbrochen. Da fragt sie die Schwester, warum sie denn weine. Sie antwortet: »Ich weiß nicht, von wem das zweite ist!«

Ein *Professor* wird mit verbrannten Ohren ins Krankenhaus eingeliefert. »Wie ist das passiert?«, fragt der Arzt. »Ich habe gebügelt, berichtet der *Beamte*, da klingelte das Telefon. Ich war so in Gedanken, da habe ich statt des Hörers das Bügeleisen ans Ohr gepresst.« – »Ja, aber wieso haben Sie sich dann auch das andere Ohr verbrannt?« – »Na, der hat noch einmal angerufen!«

Wie nennen die *Amerikaner* in den USA einen intelligenten Menschen? – Antwort: Tourist.

Mann und Frau ⁓

*Interessant ist, dass in folgender Witzgruppe sehr
viele Beiträge sind, die ich im Kontext mit Mann
und mit Frau gehört habe. Auch hier habe ich versucht, »gerecht aufzuteilen«. Natürlich gibt es
auch hier Vorurteile über Männer: rücksichtslos,
unordentlich und Frauen: schlechte Autofahrerin,
nervend – auf denen manche Witze beruhen!*

*Hier sollten Sie immer ein paar Witze parat ha-
ben, da sie erstens kurz sind und zweitens sicherlich
eine anwesende Dame bzw. ein Herr kontern wird!
Beachten Sie: Es soll keine Schlacht werden und lachen Sie auch bei den Witzen Ihres »Gegners« mit!*

Elli erzählt ihrer Freundin Ruth: »Nein, mit dem
Geographieprofessor gehe ich nicht mehr spazieren,
der kennt so viele ordinäre *Lieder*!« – »Was, singt der
die etwa in deiner Gegenwart?« – »Nein, aber er
pfeift sie!«

Der deprimierte *Ehemann* leert den dritten Doppel-
ten mit einem Schluck. »Was ist denn mit dir los?«,
fragt sein alter Freund. »Ach weißt du«, stöhnt der
Ehemann, »ich komme gestern Abend nach Hause,
läute, die Tür wird geöffnet, der Flur ist dunkel, ich
denke, es ist unsere Anna, und will sie küssen.« Der

Ehemann seufzt. »Na und?«, fragt der Freund. »Na und? Es war nicht Anna, es war meine Frau. Sie stößt mich sanft von sich und sagt: ›Bitte nicht jetzt, Liebling, mein Mann muss gleich kommen.‹«

Die *Ehefrau* ist gerade dabei, ein Spiegelei zu braten, als der Mann nach Hause kommt und anfängt zu schreien: »Achtung!!! Achtung!!! Mehr Öl!!! Wir brauchen mehr Öl!!!! Es wird anbraten! Vorsicht!!!! Wenden, wenden, wenden … Los!!! Achtung!!! Bist du verrückt!!!! Das Öl wird auslaufen!!!! Oh mein Gott, das Salz!!!! Vergiss bitte nicht das Salz!!!!«
Die Frau ist völlig genervt von den Schreien ihres Mannes und fragt ihn: »Warum schreist du so? Meinst du, ich kann kein Spiegelei braten?« Der Mann antwortet ganz ruhig: »Damit du mal nachfühlen kannst, wie es mir beim Autofahren geht, wenn du mitfährst!«

»Reiche mir bitte deine Hand, Liebling«, sagt die *Wahrsagerin* abends im Bett zu ihrem Ehemann, »ich möchte vor dem Einschlafen noch etwas lesen.«

Wie stellt eine *Dame* ihren Mann vor, nachdem sie 10, 20 oder 30 Jahre verheiratet ist?
Nach 10 Jahren: Guten Tag, darf ich vorstellen, das ist mein Mann!
Nach 20 Jahren: Guten Tag, können Sie sich vorstellen, das ist mein Mann!
Nach 30 Jahren: Guten Tag, können Sie sich mal vor meinen Mann stellen?

Ein Mann geht an einem kalifornischen Strand spazieren und stolpert über eine alte Lampe. Er hebt sie auf und reibt an ihr, und schon kommt ein Geist heraus.

Der *Geist* sagt: »O. K., O. K., O. K., du hast mich aus der Lampe befreit. Das ist jetzt schon das vierte Mal in diesem Monat, und mir wird diese ewige Wünscherei langsam zu viel, also vergiss das mit den drei Wünschen. Du hast nur einen Wunsch frei.«

Der Mann setzt sich und denkt eine Weile nach, dann sagt er: »Ich wollte schon immer mal nach Hawaii, aber beim Fliegen habe ich Angst und auf dem Schiff werde ich seekrank. Könntest du mir eine Autobahn nach Hawaii bauen, damit ich dort mit dem Auto hinfahren kann?«

Der Geist lacht und sagt: »Das ist doch unmöglich. Denk doch mal an den Aufwand! Wie könnten die Säulen einer Brücke bis auf den Boden des Atlantiks gebaut werden? Denk an die Mengen von Stahl und Beton! – Nein! Denk dir was anderes aus!«

Der Mann sagt: »O. K.«, und schließlich sagte er: »Ich habe die Frauen nie verstanden, nie gewusst, wie sie in ihrem Inneren fühlen, was sie denken, warum sie immer zu zweit aufs WC gehen, warum sie plötzlich weinen, dann wieder unmotiviert lachen, nie gewusst, was sie wollen, wenn sie ›Ach nichts!‹ sagen. Mein Wunsch ist also, die *Frauen* verstehen zu können.«

Der Geist schaut den Mann etwa eine Minute lang an, dann erwidert er: »Willst du die Autobahn zwei- oder vierspurig?«

Ein Mann geht in eine *Buchhandlung* und sagt: »Ich möchte bitte das Buch ›Die Überlegenheit des Mannes‹.« Die Verkäuferin antwortet: »Utopische Romane finden Sie im 1. Stock.«

Was ist der Unterschied zwischen *Männern* und Schweinen?
Schweine verwandeln sich nicht in Männer, wenn sie betrunken sind.

»Liebling!«, strahlt die Ehefrau, die gerade ihren *Führerschein* gemacht hat. »Ich habe beim Einkaufen heute zweimal im Halteverbot geparkt und keinen Strafzettel bekommen. Von dem so gesparten Geld habe ich mir dann gleich eine entzückende Bluse gekauft!«

Sitzt ein kleines Mädchen in der Badewanne: »Mami, wo ist denn der *Waschlappen*?« Mutter: »Der ist nur schnell Zigaretten holen!«

»Vati, kannst du mir beim *Kreuzworträtsel* helfen?«, bittet der zehnjährige Manfred seinen Vater. – »Nein!« – »Mir fehlt doch bloß noch das letzte Wort!« – »Dann geh' zu Mutti.«

»Ich halte das bald nicht mehr aus, meine Frau nörgelt seit einem halben Jahr täglich an mir herum!« – »Weshalb denn?« – »Sie will unbedingt, dass ich den *Weihnachtsbaum* wegräume.«

Eine Familie aus einem Entwicklungsland ist zum ersten Mal in einem Kaufhaus. Während die *Mutter* sich die Dessous anschaut, stehen *Vater* und Sohn voller Staunen vor einer geteilten Metalltür, die sich wie von Geisterhand öffnet und einen kleinen Raum freigibt. Fragt der Sohn: »Vater, was ist das?«

Der Vater: »Mein Sohn, so was habe ich im Leben noch nicht gesehen!«

Da humpelt eine kleine alte Dame mit einem schrumpeligen Gesicht und einem Buckel, der einer Hexe zur Ehre gereicht hätte, in den *Aufzug*. Die Tür schließt sich, und Vater und Sohn beobachten die Lampen über der Tür, wie sie nacheinander aufleuchten: 12 – 13 – 14 – 15 – 14 – 13 – 12. Da geht die Tür auf, und eine phantastisch aussehende Blondine verlässt die Liftkabine. Der Vater zu seinem Sohn: »Schnell! Hol deine Mutter!«

Eine *Frau* saß in einer Bar und gönnte sich einen After-Work-Drink mit ihren besten Freundinnen. Plötzlich betrat ein gut gebauter, extrem sexy aussehender, junger Mann flotten Schrittes die Bar. Er war so umwerfend, dass sie ihn ununterbrochen anstarrte. Der junge Mann bemerkte ihren Blick und ging direkt auf sie zu. Bevor sie sich für ihr Verhalten entschuldigen konnte, lehnte sich der junge Mann über sie und flüsterte ihr ins Ohr: »Ich mache alles, absolut alles, was immer du willst, sei es noch so extravagant, für 20 Euro, ohne jegliche Gegenleistung.« Ganz aufgeregt fragte die Frau, was die Konditionen seien. Der junge Mann wiederholte: »20 Euro und du musst mir nur sagen, was du willst, in drei Worten!« Die Frau dachte über seinen Vorschlag für einen Moment nach, dann zog sie ganz behutsam einen 20-Euro-Schein aus der Tasche. Sie drückte ihm den Schein sanft in die Hand, zusammen mit ihrer Privatadresse. Sie schaute ihm tief in die Augen, spitzte die Zunge und ließ sie ganz langsam über ihre Lippen gleiten. Sie legte ihm eine Hand auf den Oberschenkel, lehnte sich mit ausgestreckter Brust zu ihm und flüsterte ihm ins Ohr: »Putz mein Haus!«

Was macht die kluge *Hausfrau*, wenn ihr Mann beim Holen der Kartoffeln die Kellertreppe hinunterfällt und sich das Genick bricht? Nudeln!

»Erika, ich habe dich ja so lange nicht gesehen. Älter bist du geworden: Ich hätte dich schier nicht erkannt.« – »Ja, Susi, eine lange Zeit ist es her! Ich habe dich auch nur an deinem *Kostüm* wiedererkannt.«

Conni nimmt an einem Fallschirmspringerkurs teil. Als sie aus dem Flugzeug springen will, schreit der Trainer: »Halt, halt! Du hast ja keinen *Schirm*!« – »Wieso?«, fragt Conni. »Regnet es draußen?«

Idealmaße eines Mannes: 90–40–90?
1) 90 Jahre,
2) 40 Grad Fieber,
3) 90 Millionen auf dem Konto.

Mann und Frau

Ein älteres *Ehepaar* sitzt im Bett. Er: »Sag mal, Yolanda, wolltest du nicht auch irgendwann in deinem Leben mal ein Mann sein?« Sie: »Nein – und du?«

Nach dem *Sex* im Bett:
Frau: »Woran denkst du?«
Mann: »Kennst du nicht!«

»*Fritzchen*«, fragt die Lehrerin, »weshalb nennen wir unsere Sprache auch ›*Muttersprache*‹?« – »Weil Vati nie zu Wort kommt.«

Als Viktor in die Küche kommt, sagt er gönnerhaft lächelnd zu seiner Frau: »Aber Herzilein, an deinem *Geburtstag* brauchst du doch nicht abzuwaschen – mach es morgen!«

»Sag mal, Papi, warum hast du eigentlich Mami geheiratet?« Dieser zu seiner *Ehefrau*: »Siehst du, Elfriede, die Kinder können es auch nicht verstehen!«

Warum können ältere Frauen schlechter *einparken* als jüngere?
Weil im Alter das Gehör nachlässt!

Als ein Mann sein Stammlokal verließ, beobachtete er eine ungewöhnliche Begräbnis-Prozession, die sich dem nahe gelegenen Friedhof näherte. Einem ersten Sarg folgte im Abstand von einigen Metern ein zweiter. Hinter dem zweiten Sarg ging allein ein

Mann mit seinem Pitbull gefolgt von 200 Männern. Der Mann konnte seiner Neugier nicht widerstehen. Er näherte sich respektvoll dem Herrn mit dem Hund: »Ich möchte Ihnen mein Beileid aussprechen, Sie sind bestimmt traurig über Ihren Verlust, und ich weiß, es ist jetzt sicherlich nicht ganz angebracht, Sie zu stören, aber ich habe noch nie so ein Begräbnis gesehen. Wessen *Begräbnis* ist es denn?«

Der Mann antwortete: »Kein Problem, im ersten Sarg befindet sich meine Frau.« – »Was ist mit Ihr geschehen?« – »Mein Hund griff an und tötete sie.« Er erkundigte sich weiter: »Aha, und wer befindet sich im zweiten Sarg?« Der Mann antwortete: »Meine Schwiegermutter. Sie versuchte, meiner Frau zu helfen, als der Hund auch sie tötete.« – »Kann ich den Hund vielleicht borgen?« – »Okay, aber Sie müssen sich bitte hinten anstellen!«

Sie: »Mein süßer Liebling, mein großes Schatzilein, mein Schnuckiputzi …«
Er: »Ja, was ist denn, Liebes?«
Sie: »Halt die Klappe, ich rede mit dem *Hund*!«

Wie fängt eine *Frau* einen klugen Satz an?
»Mein Mann hat gesagt, …«

Warum erzählen sich *Männer* immer Blondinen-Witze?
Weil die so kurz sind, dass sogar sie sich diese merken können!

Worüber unterhalten sich drei Männer auf einer einsamen *Insel*?

Sport, Autos und Frauen.

Und worüber reden drei Frauen auf einer einsamen Insel?

Zwei Frauen schließen sich zusammen und lästern über die dritte!

Ein Mann sitzt in einem rappelvollen Flugzeug. Nur der Platz neben ihm ist noch frei. Da kommt durch den Gang eine wunderschöne Frau und setzt sich neben ihn. Der Mann kann es kaum aushalten. »Entschuldigung«, sagt er, »und warum fliegen Sie nach Berlin?« – »Ich fliege zum *Sex-Kongress*«, sagt sie. »Ich bin eingeladen, dort einen Vortrag zu halten und mit einigen Vorurteilen aufzuräumen. Viele Leute glauben zum Beispiel, die Schwarzen seien besonders prächtig ausgestattet, dabei sind es eher die amerikanischen Ureinwohner, bei denen dies so ist. Und viele glauben, Franzosen seien die besten Liebhaber. Dabei bereiten die Polen ihren Frauen den meisten Spaß! Aber ich weiß gar nicht, warum ich Ihnen das alles erzähle, ich kenne ja nicht einmal Ihren Namen.« Der Mann streckt die Hand aus. »Rote Wolke«, sagt er. »Rote Wolke Kowalsky!«

Was ist der Unterschied zwischen einer *Katze* und einem Mann? Das eine ist ein verlauster Vielfraß, dem es egal ist, wer ihm das Futter bringt. Und das andere ist ein vierbeiniges Haustier.

Ein Mann war am Vorabend auf einer *Betriebsfeier* und ist sehr spät sowie völlig betrunken nach Hause gekommen. Am nächsten Morgen kommt er mit schmerzendem Kopf und etwas schlechtem Gewissen aus dem Schlafzimmer in die Küche gewankt, um sich ein Aspirin zu nehmen. Da entdeckt er den fürstlich gedeckten Frühstückstisch, schaut sich um, sieht, dass die Wohnung blitzsauber ist, seine Kleidung vom gestrigen Abend ordentlich aufgehängt. »Verflixt«, denkt er, »was ist denn passiert?« Da kommt gerade sein Sohn in die Küche und er fragt ihn, was es denn mit dem Tisch und so auf sich hat und wie er denn gestern Abend ins Bett gekommen ist, er könne sich an nichts mehr erinnern.

»Also« meint der Sohn, »du warst so betrunken, dass wir dich die Treppe zur Wohnung zu zweit raufschleppen mussten.« – »Ja, und dann?« – »Dann hast du dich auch noch im Gang übergeben!« – »Oh weh, das ist schlimm. Und dann?« – »Dann haben Mama und ich dich ins Schlafzimmer geschleppt.« – »Ja, und dann?« – »Dann hat Mama dich ausgezogen.« – »Ja, und dann?« – »Als sie dir den Gürtel aufmachen wollte, um dir die Hosen auszuziehen, hast du gesagt: ›Hände weg, ich bin verheiratet!‹ und dann bist du eingeschlafen.«

Eine hübsche *Blondine* kommt an den Tresen einer Kneipe und deutet dem Barkeeper, er möge zu ihr kommen. Sie deutet ihm weiter an, sie möchte ihm etwas ins Ohr flüstern. Also beugt er sich zu ihr hin.

Mann und Frau

Sie beginnt ihm seinen Bart zu kraulen und fragt ihn: »Sind Sie hier der Chef?« Er verneint. Sie streichelt sein Gesicht mit beiden Händen und fragt erneut: »Können Sie ihn herrufen? Ich müsste mit ihm sprechen.« Und sie beginnt ihm mit beiden Händen durch Bart und Haare zu fahren. Er bedauert, der Chef sei nicht im Hause. »Ich hätte da eine Nachricht für ihn, könnten Sie ihm diese bestellen?« Und sie beginnt, ihren Zeigefinger in seinen Mund rein und raus zu schieben. »Ja, das kann ich schon machen. Wie lautet sie?«, fragt der Barkeeper und die Lady antwortet: »Sagen Sie ihm, dass auf der Damentoilette kein Klopapier mehr ist.«

»Meine Frau schwärmt neuerdings von *Rohkost*.« – »Das kenne ich, meine Frau kocht auch nicht gern!«

Sie: »Musst du eigentlich jeden Abend so spät vom *Wirtshaus* nach Hause kommen?« Er: »Nein – das mache ich freiwillig.«

Heinz wird von seiner Frau losgeschickt, um Schnecken zu kaufen, was er auch flott erledigt. Auf dem Rückweg geht er noch auf ein kurzes Bier ins Wirtshaus. Aus dem kurzen wird ein langes Bier, und als er nach fünf Stunden vor der Haustür steht, bekommt er doch etwas Angst vor seiner Frau. Also stellt er die *Schnecken* in Zweierreihen vor der Tür auf und klingelt. Als seine Frau aufmacht: »So, hopp, hopp, nur noch ein paar Schritte und wir sind zu Hause.«

Warum heiraten Männer am liebsten eine *Jungfrau*? Weil sie keine Kritik vertragen können!

Ein alter Mann kommt nach Hause. Seine Frau steht nackt auf der Treppe und schaut ihn erwartungsvoll an. Der Mann schaut hoch und fragt: »Was machst du denn da?« Sagt die Frau: »Ich habe das Kleid der *Liebe* an!« Sagt der Mann: »Du hättest es aber vorher noch einmal bügeln können!«

»Ich verdrehe jeder Frau den Kopf«, prahlt Herbert, der sich gerne als *Frauenheld* sieht, in seiner Stammkneipe. »Na klar«, meint ein Bekannter, »wenn du eine Frau anlächelst, dreht sie sofort den Kopf zur Seite!«

Eines Tages rief der Herr Adam zu sich und sagte: »*Adam*, es ist an der Zeit, dass du und *Eva* die Welt bevölkern, so gehe nun und fange an Eva zu küssen!« Und Adam fragte: »Was ist ein Kuss?« Und der Herr sprach: »Hier Adam, hast du eine Anleitung, da steht es genau drin!« Und Adam verschwand mit Eva hinter dem Busch und küsste sie. Begeistert kam Adam wieder vor und sagte: »Herr, das war wundervoll!«
Und der Herr sprach: »Ja, Adam, und jetzt gehe und verwöhne Eva, indem du sie am ganzen Körper streichelst!« Und Adam fragte: »Herr, was ist Streicheln?« Und der Herr erwiderte: »Hier hast du eine Anleitung und nun gehe und verwöhne Eva!« Und Adam verschwand erneut mit Eva hinter dem Busch und kam nach einigen Stunden zurück. Vollauf begeistert sagte

er: »Herr, das war noch viel schöner als Küssen, es war einfach wunderbar.«

Und der Herr sprach: »Ja, Adam, und jetzt kommt noch etwas viel Schöneres, gehe und habe Sex mit Eva!« Und Adam fragte: »Was ist Sex?« Der Herr gab ihm die Anleitung und sprach: »Gehet jetzt und vermehret euch!« Und Adam ging wieder hinter den Busch zu Eva, aber schon nach fünf Sekunden kam er zurück und fragte: »Herr, was sind *Kopfschmerzen*?«

Was ist der Unterschied zwischen einem Mann und einem *Joghurt*?
Das Joghurt hat Kultur!

Vater liegt im Sterben. Alle seine Kinder stehen um sein Bett herum. Aus der Küche duftet es nach Kuchen. Der Vater sagt zu Jan: »Hol mir bitte ein Stück *Kuchen*, bevor ich sterbe!« Jan geht und kommt gleich darauf zurück: »Mama hat gesagt, das geht nicht, der ist für nach der Beerdigung!«

Es gibt drei *Grundwahrheiten*:
1. Männer haben immer recht.
2. Frauen gehören in die Küche.
3. Die Erde ist eine Scheibe.

Frau: »Warum laufen Sie eigentlich die ganze Zeit hinter mir her?«
Mann: »Jetzt, wo Sie sich umdrehen, frage ich mich das auch ...«

Ein Mann mit einer allgemein als sehr dominant bekannten Gattin erzählt triumphierend am Stammtisch: »Ha, heute hat sie vor mir auf den Knien gelegen!« Die Freunde gratulieren: »Bravo, so muss das sein und was hat sie gesagt?« – »Komm unterm Bett vor, du *Feigling*.«

Kommt ein Mann in die Apotheke und sagt: »Bitte geben Sie mir eine Packung Strychnin.«
Apotheker: »Wofür brauchen Sie das?«
Mann: »Ich will meine Frau ermorden.«
Apotheker: »Ich höre wohl nicht richtig, das können Sie doch nicht machen.«
Der Mann zieht ein Foto seiner Frau aus der Tasche und zeigt es dem Apotheker
Apotheker: »Ach, Sie haben ein *Rezept*!«

Was denkt eine Frau nach 20 Ehejahren, wenn sie in der Früh in den *Spiegel* schaut? »Ha! Das gönne ich ihm!«

Gerade vier Wochen ist das junge Paar verheiratet, als die Frau bei ihrer Mutter anruft: »Wir hatten heute unseren ersten großen Krach.« – »Das kommt in jeder guten Ehe vor«, versucht die Mutter sie zu beruhigen. »Aber ich weiß nicht, wohin mit der *Leiche*.«

In Lettland wurde jetzt ein Frauen-*Computer* erfunden? – Ich dachte so etwas gibt's schon und heißt Mikrowelle.

Ein junger Mann geht mit seiner neuen Flamme in ein *Nobelrestaurant*. Als er die hohen Preise sieht, fragt er seine Begleiterin: »Na, was willst du denn essen, mein kleines Dickerchen?«

Kommt der Ehemann nach Hause: »Frau, endlich, wir haben im *Lotto* gewonnen! Pack die Koffer!« Darauf strahlt seine Frau: »Sommer oder Winterkleidung?« Darauf er: »Ist mir doch ganz egal, Hauptsache, du bist in zehn Minuten verschwunden!«

Sohn: »Papa kannst du mir deine *Taschenlampe* leihen?«
Vater: »Wozu?«
Sohn: »Wir wollen nachts mit den Mädchen im Park rummachen.«
Vater: »Dazu brauchten wir früher keine Taschenlampen.«
Sohn: »So sieht Mama auch aus.«

Eines Abends sagt der Mann zu seiner Gattin: »Schatz, mit der neuen *Brille* schaust du aber sehr unhübsch aus!«
Darauf die Frau: »Aber ich habe doch gar keine neue Brille!«
Antwortet der Mann: »Nein, aber ich!«

Er: »Schatz, ich mache dich zur glücklichsten *Frau* der ganzen Welt!«
Sie: »Fein, ich helf dir packen!«

Frage bei der *Führerscheinprüfung*: Ungeregelte Kreuzung, aus allen vier Richtungen kommt ein Auto. Im ersten sitzt das Christkind, im nächsten links davon der Osterhase, im nächsten dann eine gute Autofahrerin und im vierten eine schlechte Autofahrerin. Wer fährt zuerst? Richtige Antwort: die schlechte Autofahrerin! Begründung: Das Christkind gibt's nicht, den Osterhasen gibt's nicht, …

Nachdem der liebe Gott Mann und Frau erschaffen hatte, betrachtete er sein Werk. Zuerst fiel sein Blick auf den Mann und er sagte: »Also ich muss mich selbst loben. Diese wunderbare Form des Körpers, die wohl gelungenen Proportionen, die vollendete Ästhetik – ein perfektes Werk.« Danach sah er die Frau an und meinte achselzuckend: »Na gut, du musst dich halt *schminken*.«

Ein Mann weckt mitten in der Nacht seine Frau: »Liebling! Hier hast du deine *Kopfschmerztabletten*.« Sie: »Aber ich hab doch gar keine Kopfschmerzen!« Mann: »Na dann, auf geht's …«

Wie sortieren Männer ihre *Wäsche*?
In zwei Stapeln: ›dreckig‹ und ›dreckig, aber noch tragbar‹.

Was sagt eine Frau nach dem *Einparken*?
»Na, die paar Meter bis zum Bürgersteig kann ich auch zu Fuß gehen!«

Mann und Frau

Ein Mann fragt ein wildfremdes, hübsches Mädchen: »Würden Sie für eine Million Euro mit mir schlafen?« – »Aber sicher, sofort!« – »Würden Sie für 15 Euro mit mir schlafen?« – »Na hören Sie, wofür halten Sie mich denn?« – »Das haben wir ja schon geklärt, jetzt verhandeln wir nur noch über den *Preis*.«

»Du, ich bin sicher, im Bier sind weibliche Hormone.« – »Wie kommst denn da drauf?« – »Ganz einfach: Immer wenn ich zuviel davon trinke, kann ich nicht mehr *Auto fahren*.«

Ein Mann mit *Erfolg* ist einer, der mehr Geld verdient, als seine Frau ausgeben kann. Eine Frau mit Erfolg ist eine, die einen solchen Mann findet.

Ein *BMW-Fahrer* fährt mit ca. 220 km/h auf der Autobahn trotz Geschwindigkeitsbegrenzung auf 100 km/h. Er wird von einem Streifenwagen verfolgt. Nach einer halben Stunde wilder Verfolgungsjagd stoppt er endlich.
Der Polizist sagt: »O.K., gratuliere: Tagesbestzeit! Aber wenn Sie mir eine Ausrede liefern, die ich noch nie gehört habe, kommen Sie diesmal so davon.«
Daraufhin der BMW-Fahrer: »Also, meine Frau hat mich letzte Woche verlassen und ist mit einem Polizisten durchgebrannt. Als ich Sie im Rückspiegel sah, dachte ich, Sie wollten sie mir wieder zurückbringen ...«

Die meisten Männer schauen den Frauen auf den Hintern und denken: »Oah, ist das ein *Arsch*!« Frauen denken interessanterweise genau dasselbe, nur schauen sie dem Mann dabei ins Gesicht.

Die Mutter steht gerade in der Küche und kocht, als sie lautes Geschrei aus dem Badezimmer hört. Sie rennt hin und sieht, wie ihr Mann das *Baby* an den Ohren durch das Wasser zieht.
Sie: »Was soll das?«
Er: »Soll ich mir etwa die Hände verbrühen?«

Eine Frau steht deprimiert in der Parfümerie und sagt zur Verkäuferin: »Geben Sie mir etwas, das nach *Fußball* riecht.«

Sie: »Das Auto ist kaputt. Es hat Wasser im Vergaser.«
Er: »Wasser im Vergaser? Das ist doch lächerlich. Ich werde das mal überprüfen. Wo ist das Auto?«
Sie: »Im *Pool*.«

Putzen ist sehr gefährlich. Fast jeder Mann ist schon einmal über seine putzende Frau in der Küche gestolpert und hat sich dabei beinahe seine Bierflasche ins Hirn gestoßen!

Der Arzt schlägt der Ehefrau vor: »Wir sollten eine *Röntgenaufnahme* von Ihrem Mann machen!« Ehefrau: »Ach, das können wir uns sparen, ich durchschau meinen Mann auch so.«

Adam langweilt sich im *Paradies*, und so sagt er eines Tages zum lieben Gott: »Kannst du mir nicht jemanden machen, der nett, schön und intelligent und zum Liebhaben ist?« Antwort: »Ja klar, dafür bräuchte ich allerdings deinen rechten Arm und dein linkes Bein!« Nach kurzem Überlegen fragt Adam: »Was kriege ich denn für eine Rippe?«

Frau Müller stellt sich am Morgen auf die *Waage* und ruft begeistert ihren Mann: »Liebling, ich habe zwei Kilo abgenommen.« Dieser bemerkt gelangweilt: »Kein Wunder, du hast dich ja auch noch nicht geschminkt.«

Sabine zur Freundin: »Ich muss jetzt höllisch aufpassen, dass ich kein Kind kriege!« Die Freundin: »Wieso, ich denke, dein Mann ist *sterilisiert*?« Sabine: »Eben!«

Wolfgang ist pleite. Seine Frau und seine Geliebte haben ihn verlassen. Mutlos und vom Leben enttäuscht, steigt auf den höchsten Turm, den er kennt, um sich das Leben zu nehmen. Gerade als er springen will, sagt plötzlich eine alte Frau hinter ihm: »Lass das! Ich bin eine gute *Fee*, und wenn du bei mir nächtigst, werde ich dir morgen drei Wünsche erfüllen.« Als Wolfgang am nächsten Morgen seine drei Wünsche äußern will, fragt sie: »Wie alt bist du?« Wolfgang: »49 Jahre.« Darauf die alte Frau: »Und da glaubst du noch an Feen?«

Sie: »Schatz, im Büro haben sie heute gesagt, dass ich sooo schöne Beine habe!«

Er: »Ach, und über deinen fetten *Arsch* haben sie nichts gesagt?«

Sie: »Nein, von dir war nicht die Rede.«

Eine junger Mann geht im Supermarkt einkaufen und hat an der Kasse folgende Artikel im Korb:
- 1 Seife
- 1 Zahnbürste
- 1 Zahnpasta
- 1 Backofenpizza
- 1 Fruchtjoghurt
- 1 Laib Brot
- 1 Liter Milch

Die Kassiererin sieht den Mann an, lächelt und sagt: »Gell, Sie sind *Single*?« Der Mann lächelt schüchtern zurück und fragt: »Wie haben Sie das herausgefunden?« Sie antwortet: »Weil Sie hässlich sind!«

Was haben alle Männer in *Single-Bars* gemeinsam?
Sie sind verheiratet.

Ein Mann lag seit längerer Zeit im Koma, aus dem er ab und zu erwachte. Seine *Ehefrau* war treu und unermüdlich täglich stundenlang an seinem Bett. Eines Tages, als er wieder einmal bei Bewusstsein war, bedeutete er ihr, näher zu kommen. Sie beugte sich zu ihm und lächelte ihn liebevoll an. Er flüsterte: »In all den schlimmen Zeiten warst du stets an meiner Seite. Als ich entlassen wurde, warst du für mich da. Als ich mit meinem Geschäft Pleite machte, hast du mich unterstützt. Als wir das Haus verloren, hieltest du zu mir. Als es dann mit meiner Gesundheit abwärts ging, warst du stets in meiner Nähe. Weißt du was?« Ihre Augen füllten sich mit Tränen der Rührung. »Was denn, mein Liebling?«, hauchte sie. – »Ich glaube du bringst mir *Pech*!«

Kommt eine Frau zum Arzt: »Herr Doktor, vor einigen Tagen habe ich einen Zehneuroschein verschluckt, aber im WC finde ich immer nur Kleingeld!« – »Das ist ganz normal, Sie sind in den *Wechseljahren*!«

Eine Frau begleitet ihren Ehemann zum *Arzt*. Nach dem Check-up ruft der Arzt die *Ehefrau* allein in sein Zimmer und sagt: »Ihr *Ehemann* ist in einer schrecklichen Verfassung, er leidet unter einer sehr schweren Krankheit, die mit Stress verbunden ist. Sie müssen meinen Anweisungen folgen, oder er wird sterben. Verwöhnen Sie ihn jeden Morgen mit einem nahrhaften Frühstück. Zum Mittagessen geben Sie ihm ein gutes Essen, das er mit zur Arbeit nehmen kann und am Abend kochen Sie ihm ein wirklich wohlschmeckendes Abendmahl. Nerven Sie ihn nicht mit Alltäglichem und Kleinigkeiten, die seinen Stress noch verschlimmern könnten. Besprechen Sie keine Probleme mit ihm. Versuchen Sie ihn zu entspannen und massieren Sie ihn häufig. Er soll vor allem viel Teamsport im Fernsehen ansehen und das Wichtigste: Erfüllen Sie ihm auch sexuell jeden Wunsch. Wenn Sie das die nächsten zehn Monate tun, wird er ganz sicher wieder gesund.«

Auf dem Weg nach Hause fragt ihr Ehemann: »Was hat der Arzt zu dir gesagt?« – »Du wirst sterben, Schatz«, antwortet die Frau.

Männer können trinken, ohne *Durst* zu haben, Frauen können reden, ohne ein Thema zu haben.

Arzt: »Gute Frau, Sie sind jetzt 92 Jahre *alt*, Ihr Freund ist 21, da kann jeder Sexualkontakt zum Tode führen!« – »Na ja, dann stirbt er halt!«

Die *Witwe*: »Ein großer Trost für mich ist, dass mein Mann nicht lange leiden musste!« – »Ah, waren Sie nur kurz verheiratet?«

Ein *Ehemann* kommt nach Hause und findet einen Zettel von seiner Frau:
Ich hab mich versteckt. Wenn du mich in drei Minuten findest, bekommst du einen Kuss. Schaffst du es in zwei Minuten, bekommst du einen Zungenkuss. Findest du mich in einer Minute, wird es eine ganz tolle Liebesnacht. PS: Bin im Schrank.

Wie nennt man eine Frau, die jeden Abend genau weiß, wo ihr Mann ist?
Eine *Witwe*.

Mann und Frau

Ein Mann fährt in einem *Aufzug*. Kurz später steigt eine Frau zu und sie fahren zusammen weiter. Plötzlich bleibt der Aufzug stecken. Die Frau schaut ihn verführerisch an, leckt sich langsam über die Lippen, zieht Bluse und BH aus und meint schließlich zu ihm: »Los, mach, dass ich mich wie eine richtige Frau fühle!« Der Mann überlegt kurz, knöpft dann sein Hemd auf, schmeißt es auf den Boden und meint: »Hier! Waschen und bügeln!«

Widersprich nie einer *Frau*! Warte fünf Minuten, dann tut sie's von selbst!

Woran erkennt man, dass eine Frau im *Weltall* war? Der große Wagen ist kaputt.

Was waren Evas erste Worte im *Paradies*? »Ich habe nichts anzuziehen!«

Bei Stefan klingelt es an der Tür. Er öffnet – seine Freundin steht davor. »Ich habe heute einen *Schwangerschaftstest* machen lassen!«, meint sie. Darauf er: »Und?« Sie: »Willst du uns nicht reinlassen?«

Auf einer *Party* unterhalten sich zwei Männer. Sagt der eine Mann zum anderen: »Bin ich nicht zu beneiden? Die erotische Blonde da hinten ist meine Frau und die wunderschöne Rothaarige neben ihr ist meine Geliebte!« Sagt der andere Mann: »Interessant, bei mir ist das genau umgekehrt.«

Was haben *Wolken* und Männer gemeinsam?
Wenn sie sich verziehen, kann es noch ein schöner Tag werden!

Eine Frau bekommt vom Arzt *Zäpfchen* mit. Zuhause angekommen, kann sie sich nicht mehr erinnern, wie sie eingenommen werden. Sie fragt ihren Mann, der meint, sie solle doch einfach den Arzt anrufen und noch mal fragen.
Sie ruft also an, der Arzt erklärt, die werden anal eingenommen.
Die Frau fragt nun ihren Mann, was anal wäre, der empfiehlt, den Arzt noch mal zu fragen. Die Frau ruft an und fragt, sie wisse immer noch nicht, wie die Zäpfchen eingenommen werden.
Darauf der Arzt: »Die werden rektal eingenommen.«
Die Frau legt auf, ist aber so klug wie zuvor und ruft den Arzt noch mal an.
Der meint: »Stecken Sie sich die Zäpfchen in den Hintern!«
Die Frau legt auf und meint zu ihrem Mann: »Oops. Jetzt ist er sauer.«

Ein *Jäger* wird von seiner jungen Frau auf die Jagd begleitet. Der Mann zielt auf eine Ente, schießt und trifft. Die Ente fällt. »Prima Schuss!«, meint er. Mitleidig erwidert die junge Frau: »Der Schuss war unnötig – das arme Tier hätte einen Sturz aus dieser Höhe sowieso nicht überlebt.«

»Früher sind mir die Frauen immer massenweise nachgelaufen.« – »Und warum heute nicht mehr?« – »Weil ich keine *Handtaschen* mehr stehle!«

»Warum siehst du so traurig aus?« – »Meine Frau wird *verreisen*.« – »Aber deshalb brauchst du doch nicht so bekümmert auszusehen?« – »Doch – sonst fährt sie nicht.«

Nationalitäten

Jede Nation hat ihre Eigenheiten oder ihren Ruf: Vornehme, distanzierte Engländer, lebhafte Italiener, zärtliche Franzosen, konservative Deutsche, zierliche Asiaten und ungebildete Amerikaner stehen traditionsreichen Türken, handwerklich begabten Polen und melancholischen Russen gegenüber!

Erzählen Sie auch hier die Witze kurz und prägnant, zum Beispiel nicht etwa so:

Ein Schwerhöriger kommt in ein Spezialgeschäft. »Ja bitte, Sie wünschen?«, fragt der Verkäufer. »Guten Tag – was kostet denn das Hörgerät, das Sie in der Auslage haben?« – »Das kostet 59 Euro.« – »Wie viel?« Der Verkäufer deutlich lauter: »Das kostet 59 Euro.« – »Das ist mir zu teuer …« – »Wir haben auch etwas für 49 Euro hier« – »Wie viel?« Der Verkäufer laut: »49 Euro!« – »Das ist mir zu teuer!« – »Das billigste, das wir haben, kostet 29,90 Euro!« – »Wie viel?« Der Verkäufer, schon etwas ungehalten: »29,90 Euro!« – »Das ist mir zu teuer!« – »Schauen Sie, ich gebe Ihnen etwas für 1 Euro!« – »Für wie viel?« Der Verkäufer brüllt: »Nur 1 Euro!« – »Wie, nur 1 Euro, wie soll das denn funktionieren?« – »Na ja, Sie bekommen ein Stück Draht ins Knopfloch und ein Stück Watte ins Ohr!« – »Und ich höre dann besser?« – »Keineswegs – aber die Leute, die das sehen, reden dann lauter!«

Sondern so:

Von Schotten können wir sparen lernen: Ein schwerhöriger Schotte *kauft sich kein teures Hörgerät. Der steckt sich einfach Watte ins Ohr und einen Draht ins Knopfloch! Das wirkt genauso, weil alle lauter sprechen!*

Ein *Brite* und sein Freund spielen auf dem *Golfplatz.* Als der Brite gerade den Abschlag machen will, sehen sie eine *Trauerprozession* neben dem Platz vorbeiziehen. Als er gerade mit dem Schläger halb ausgeholt hat, nimmt er die Kappe ab, schließt seine Augen und verbeugt sich leicht zum Gebet. Sein Freund sagt: »Wow – das ist das Berührendste, was ich je gesehen habe, du bist ein wirklich sensibler Mann.« Darauf antwortet dieser: »Na ja, das ist das Mindeste – wir waren schließlich 35 Jahre verheiratet.«

Ein alter Witz:
Sitzen ein *Russe*, ein *Türke* und ein *Pole* im Auto.
Und wer fährt den Wagen?
Antwort: ein Polizist.

Es ist Samstagnachmittag. Der *Deutsche* fährt sein Auto vor die Garage und wäscht es zwei Stunden lang. Als das sein türkischer Nachbar sieht, fährt der ebenfalls sein Auto vor und beginnt zu waschen. Der Deutsche ist inzwischen schon damit beschäftigt, sein Auto zu wachsen. Der *Türke* will da natürlich nicht nachstehen und wachst ebenfalls. Stunden später beginnt der Deutsche zu polieren, den ganzen Nachmittag lang. Ebenso der Türke. Als der Deutsche fertig ist, geht er ins Haus, holt ein Schnapsglas mit Wasser und schüttet es über das Auto. Es perlt wunderbar ab. Daraufhin geht der Türke in die Garage, holt eine Eisensäge und schneidet ein Stück vom Auspuff ab. Verblüfft geht der Deutsche zu seinem Nachbarn rüber: »Was soll denn das? Warum schneidest du da eine Scheibe ab?« Erwidert der Türke: »Wenn du dein Auto taufst, beschneide ich meins.«

In einem fliegenden Flugzeug sitzen 99 *Deutsche* und ein *Schweizer*. Plötzlich fängt das Flugzeug an zu sinken. Der Pilot teilt den Fluggästen mit: »Ladies and Gentlemen, wir sind zu schwer, darum müssen wir das Gepäck abwerfen.« Nachdem dies gemacht wurde, kommt kurz darauf die nächste Durchsage: »Wir sind immer noch zu schwer!« Es werden die Sitze abgeworfen. – Immer noch zu schwer! – Nun wird der Boden abgeworfen, sodass sich alle an den Stangen festhalten müssen. Sie sind immer noch zu schwer und der Schweizer sagt: »Okay, ich springe ab!« – Die Deutschen klatschen.

Ein *Wiener Obdachloser* durchstöbert auf seiner täglichen Suche nach Nahrung die Mülltonnen. Dabei stößt er in einem Kübel auf einen zerbrochenen Spiegel und weicht erschrocken zurück: »Jössas, a Leich!« Er rennt zur nächsten Polizeistation und meldet: »I hob a Leich gfund'n, im dritt'n Mistkübel beim Stefansplotz, schaut's eich des o!«

Die Polizei fährt sofort zum besagten Mistkübel, ein Beamter öffnet die Tonne, schaut in den Spiegel, erbleicht und sagt: »Mei Gott, des is jo ana vo uns!«

Besagter Polizist nimmt den Spiegel als Beweismittel mit, vergisst ihn aber in seiner Uniform. Abends dann daheim durchwühlt seine Tochter die Jacke nach einer kleinen Taschengeldaufbesserung – und findet den Spiegel und ruft: »Mama, Mama, da Papa hot a Freindin!«

Die Mutter eilt herbei und sieht sich den Spiegel an: »A so a hässliche Sau!«

Fünf *Schweizer* kommen in einem Audi Quattro an die Grenze nach Italien. Der italienische Grenzposten sagt: »Es ist illegal, fünf Leute in einem Quattro mitzunehmen.« Fragt der Schweizer: »Äh, was ist daran illegal?« – »Quattro bedeutet vier«, sagt der Grenzer. »Aber Quattro ist doch nur der Name des Autos«, beharrt der Schweizer. »Hier, schauen Sie in die Papiere: Das Fahrzeug ist dafür zugelassen, fünf Personen zu befördern.« Beamter: »Das können Sie mir nicht weismachen, quattro bedeutet vier! Sie haben fünf Leute in diesem Auto, also haben Sie das Gesetz gebrochen!« – »Sie Idiot«, schreit der Schweizer, »holen Sie mir Ihren Vorgesetzten, ich möchte mit jemandem sprechen, der etwas intelligenter ist!« – »Scusi«, sagt der Grenzposten, »er kann nicht kommen. Er ist gerade mit zwei Typen in einem Fiat Uno beschäftigt!«

Ein Engel steht an der »Kinderentstehungsmaschine«. Er dreht an einer Kurbel, und bei jeder Umdrehung kommt hinten ein Kind heraus. Damit eine gerechte Aufteilung vorliegt, sagt er immer vor sich her: »Mädel, Bub, Depp, Mädel, Bub, Depp ...« Plötzlich wird er zu einer wichtigen Besprechung gerufen. Er sagt zu seinem Engels-Lehrling: »Du machst weiter, genau wie ich, immer nur drehen: Mädel, Bub, Depp, Mädel, Bub, Depp, Mädel, Bub, Depp.«

Als der Engel nach zwei Stunden von der Besprechung zurückkehrt, hört er schon von Weitem: »Depp, Depp, Depp, Depp, Depp, Depp, Depp, Depp, Depp, Depp, Depp, Depp, Depp, Depp, Depp, Depp, Depp, Depp.« Er rennt zu seinem Lehrling: »Bist du wahnsinnig – du machst mir ja alles kaputt!!!« Darauf der Lehrling: »Nein, nein – alles O. K. Wir haben bloß einen Großauftrag für *Amerika* bekommen ...«

Die Hochzeitsnacht eines deutsch-chinesischen Paares: Die jungfräuliche Braut wartet schon im Bett, während er sich entkleidet. Der Bräutigam aus *China* kuschelt sich an sie und versucht, sie zu beruhigen: »Mein Liebling, ich weiß, das ist das elste Mal fül dich und dass du dich ein wenig fülchtelst. Ich velspleche dil, ich tue alles, was du willst, alles! Was hättest du denn gelne?« Sie darauf leise zu ihm: »Ich möchte erstmal mit Nummer 69 anfangen!« Völlig verwundert schaut der Bräutigam seine junge Braut an – dann fragt er nach: »Du willst geblatenen Leis mit Lindfleisch und gemischtem Gemüse?«

Neulich in einem typischen Restaurant in *Wien*. Ein Mann ruft den *Ober* zu sich an den Tisch.

Meint der Mann: »Könnten Sie bitte die Suppe mal probieren?«

Darauf der Ober: »Wieso, ist sie etwa versalzen?«

Meint der Mann wieder, schärfer im Ton: »Würden Sie bitte mal diese Suppe probieren!«

Der Ober: »Ist sie etwa zu heiß?«

Der Mann schon etwas wütender: »Bitte probieren Sie sofort diese Suppe!«

Der Ober: »Ist sie etwa zu kalt?«

Der Mann lautstark: »Probieren Sie auf der Stelle diese Suppe!«

Ober: »Na gut, probiere ich sie halt, wo ist der Löffel?«

Mann: »Ahhh! Aha!«

In der Altstadt von Wien spricht ein *Schweizer* einen Passanten an: »Entschuldigen Sie bitte, ich suche die Kupfergasse, können Sie mir da weiterhelfen?« Kopfschüttelnd meint der Passant: »Nein, eine Kupfergasse kenne ich nicht. Dort hinten ist der Josefplatz, die Kärntner Straße, die Goethestraße ...« – »Ja, die Goethestraße, die suche ich!«, unterbricht der Mann. »Habe ich verwechselt: Goethe mit Schiller, Schiller mit Lessing, Lessing mit Messing und Messing mit Kupfer!«

Fragt ein *Schotte* einen anderen: »Willst du heute mit mir zu Abend essen?« – »Oh ja, sehr gerne.« – »Gut, dann bin ich so gegen sieben bei dir.«

Ein *Schotte* entschließt sich, nach zwanzig Jahren einen neuen Hut zu kaufen. Er geht ins Hutgeschäft und sagt: »So, da bin ich wieder.«

»Das ist aber ein komisches Sortiment!«, sagt der Tourist in einem *mexikanischen* Geschäft, das nur Geigen und Revolver führt. »So merkwürdig ist das gar nicht«, erklärt der Geschäftsführer. »Wenn heute ein Kunde eine Geige kauft, kommt morgen sein Nachbar und kauft einen Revolver.«

Auf der Fifth Avenue in *New York* City: Matthias and a stranger, Mr. B., meet in New York. They start a conversation in *English*. Matthias: »Hello, Sir! How goes it you?« Mr. B.: »Oh, thank you for the afterquestion.« Matthias: »Are you already long here?« Mr. B.: »No, first a pair days. I'm not out New York.« Matthias: »Thunderweather, that overrushes me, you see not so out.« Mr. B.: »That can yes beforecome. But now what other: My hairs stood to mountains as I the traffic saw. So much cars gives it here.« Matthias: »You are heavy on the woodway if you believe that in New York horsedroveworks go.« Mr. B.: »Will we now drink a beer? My throat is outdried. But look, there is a guesthouse, let us there man go!« Matthias: »That is a good idea. Equal goes it loose, I will only my shoeband close.« Mr. B.: »Here we are. Make me please the door open.« Matthias: »But there is a beforehangingcastle, the economy is to. How sorry! Then I will go back to the hotel, it is already retard. On againsee!« Mr. B.: »Oh, yes, I will too go. I must become my draught to Bristol. Auf Wiedersehen!« Matthias: »Nanu, Sie sind Deutscher?« Mr. B.: »Ja, Sie auch? Das wundert mich aber. Ihr Englisch ist so gut, dass ich es gar nicht bemerkt hätte ...«

Stefan Effenberg, Carsten Jancker und Lothar Matthäus fliegen nach Amerika. Am Flughafen in *New York* werden sie vom Zollbeamten gefragt: »Where are you from?« Effenberg sagt in seinem besten *Englisch*: »I am from Germany!« Carsten Jancker: »I am from Germany, too!« Und Lothar Matthäus sagt: »I'm from Germany three ...«

Ein *Japaner* hastet mit zwei schweren Koffern durch Berlin. Plötzlich klingelt sein Fingerring. Er führt den Ring an den Mund und telefoniert damit in einer Konferenzschaltung mit New York und Tokio. Ein Passant ist begeistert und bietet ihm 5.000 und schließlich 10.000 Euro für das Gerät. Endlich verkauft der Japaner. Der Mann steckt sich den Ring an den Finger und will weitergehen. Da zeigt der Japaner auf die beiden großen Koffer und sagt: »Halt, ohne die Akkus geht überhaupt nichts.«

Ein *Münchner* erzählt abends am Stammtisch: »Bin ich doch heut' mit der Untergrundbahn g'fahrn. Wia i einsteig', rumpele ich mit einem jungen Studenten zusammen. Der sagt zu mir: ›I am sorry‹ und weil i net gwußt hab', was dös heißt, hob i ihm für alle Fälle ein paar runter g'haut.«

Ein alter *Araber* lebt seit mehr als 30 Jahren in New York. Er würde in seinem Garten gerne Kartoffeln pflanzen, aber er ist allein, alt und schwach. Sein Sohn studiert in Mailand. Er schreibt eine E-Mail an seinen Sohn: »Lieber Ahmed, ich bin sehr traurig, weil ich in meinem Garten keine Kartoffeln pflanzen kann. Ich bin sicher, wenn du hier wärst, du würdest mir helfen und für mich den Garten umgraben. Alles Liebe! Dein Vater.«

Am folgenden Tag erhält der alte Mann eine E-Mail: »Lieber Vater, bitte berühre nicht den Garten. Dort habe ich ›die Sache‹ versteckt. Ich liebe dich auch. Ahmed.«

Um 4.00 Uhr morgens kommen die US Army, die Marines, das FBI, die CIA und die Rangers zu dem Haus des alten Mannes. Sie suchen überall, nehmen den ganzen Garten auseinander, suchen jeden Millimeter ab, aber finden gar nichts.

Am folgenden Tag erhält der alte Mann wieder eine E-Mail vom Sohn: »Lieber Vater, ich hoffe, dass der Garten mittlerweile umgegraben ist und du die Kartoffeln jetzt pflanzen kannst. Mehr konnte ich für dich nicht tun. In Liebe! Ahmed.«

Edinburgh, *Schottland*, eine Apotheke in der Altstadt:
Punkt 9.00 Uhr geht die Tür auf, ein schottischer Major in voller Tracht – Kilt, Bärenfellhut usw. – marschiert auf die Theke zu. Der Apotheker nimmt Habt-Acht-Stellung ein und grüßt den Major zackig. »Kann

Nationalitäten

ich etwas für Sie tun?« Der Offizier kramt in seinem Hermelinbeutel am Gürtel und legt ein kleines Päckchen auf den Tresen. Er faltet es auseinander, und zum Vorschein kommt ein uraltes, vergilbtes Kondom mit einem Riss in der Spitze.

Der Apotheker: »Ja, ja, ein trauriger Fall!« – Der Major: »Kann man so etwas flicken?« – »Klar, wir haben ein Schweißgerät da, kostet nur 1 Pence.« – »Und ein neuer?« – »Ab zwei Pence aufwärts.«

Der Kunde faltet das Päckchen wieder zusammen und geht wortlos. Zwei Stunden später geht die Tür wieder auf, und der Major kommt wieder hinein, legt das Päckchen auf die Theke und spricht: »Das Regiment hat abgestimmt – wir lassen ihn flicken!«

Ein *Schweizer Bankier* sitzt in seinem Arbeitszimmer. Sein jüngster Sohn kommt rein: »Papa, ich hab ein Mädel in andere Umstände gebracht. Jetzt will sie 2.000 Franken haben!« Der Vater seufzt und stellt einen Scheck aus.

Kurze Zeit später kommt der ältere Sohn: »Papa, ich hab ein Mädel in andere Umstände gebracht. Jetzt will sie 3.000 Franken haben!« Der Vater seufzt und stellt schweren Herzens einen Scheck aus.

Kurze Zeit später kommt seine Tochter zu ihm. »Papa«, schluchzt sie, »ich bin schwanger!« Er: »Großartig, Mädel, jetzt wird abgesahnt!«

Schild in einer *indischen Kneipe* in Berlin: »Toiletten am Ende des Ganges«

Herr Karl sieht, wie sein *persischer Nachbar* im Hof den Teppich klopft. Dieser schlägt und schlägt auf den Teppich ein. Da ruft Herr Karl: »Na, springt er nicht an?«

Ein *Sizilianer* geht in eine Disco und hat ein T-Shirt an, auf dem steht: »Türken haben drei Probleme!« Ein Türke kommt auf ihn zu und fragt: »Ey, was is das für'n Scheiß?« Der Sizilianer antwortet: »Siehst du, das ist schon euer erstes Problem, ihr seid viel zu neugierig.«
Der Türke geht wieder und kommt nach ein paar Minuten mit einem Kollegen wieder und die beiden stoßen den Sizilianer herum. Der Sizilianer antwortet: »Seht ihr, und das ist euer zweites Problem, ihr seid viel zu aggressiv.«
Die Türken ziehen ab und der Sizilianer trinkt sein Bier aus, tanzt noch eine Stunde und geht dann aus der Disco raus. Draußen warten die Türken mit fünf Mann, alle ziehen Messer. Er: »Seht ihr, und das ist euer drittes Problem, ihr kommt mit Messern zu einer Schießerei!«

Ein Mann geht in eine Bank in *Zürich*, um Geld anzulegen.
»Wie viel wollen Sie denn einzahlen?«, fragt der Kassierer.
Flüstert der Mann: »Drei Millionen.«
»Sie können ruhig lauter sprechen«, sagt der Bankangestellte, »in der Schweiz ist Armut keine Schande!«

In einem Zugabteil sitzen ein *Deutscher* und ein *Holländer* nebeneinander und ihnen gegenüber eine Nonne und eine junge Frau mit einem sehr knappen Minirock. Als der Zug durch einen Tunnel fährt, fällt plötzlich das Licht aus und das Abteil ist völlig dunkel, man hört ein schmatzendes Geräusch, dann einen Knall und alles ist ruhig bis der Zug aus dem Tunnel wieder hinausfährt. Der Holländer hält sich die rot angeschwollene Wange und denkt: Verflixt, der Deutsche hat versucht die Frau zu küssen, und ich habe die Ohrfeige bekommen. Die Nonne denkt: Ich bin stolz auf diese junge Dame, der Holländer hat versucht sie zu küssen und die hat ihm ein Schlag versetzt. Die junge Frau denkt: Ha lustig, der Holländer hat bestimmt versucht mich zu küssen, hat dabei aber die Nonne erwischt und die hat ihm eine gelangt. Der Deutsche denkt: Im nächsten Tunnel schnalze ich wieder mit der Zunge und hau dem Holländer noch eine runter.

Ein junger *Gastarbeiter* kommt ins Sozialamt, geht zum Schalter und sagt zu dem Beamten: »Haloo, isch wolle nix lebe mehr von die Stütze, isch wolle gehe arbeite. Du mir sagen, wo!«
Der Beamte des Sozialamtes strahlt den Mann an: »Sie haben irrsinniges Glück. Wir haben hier eine Offerte eines reichen Herrn, der einen Chauffeur und Leibwächter für seine *nymphomanische* Tochter sucht. Sie müssen mit einem riesigen schwarzen Mercedes fahren und ein bis zweimal täglich Sex mit

dem Mädchen haben. Ihnen werden Anzüge, Hemden, Krawatten und Freizeitkleidung gestellt. Weil Sie viele Überstunden leisten, werden Ihnen sämtliche Mahlzeiten bezahlt. Da die junge Dame oft verreist, werden Sie diese auf Ihren Reisen begleiten müssen. Das Grundgehalt liegt bei 100.000 Euro jährlich.

Darauf der junge Gastarbeiter zum Beamten: »Du Idiot, willsu mich verarschen?!«

Antwortet der Beamte: »Wer hat denn damit angefangen?«

Zwei *Schweizer Jäger* verirren sich nachts im Wald. »Gib doch einen Schuss ab«, schlägt der eine vor. »Vielleicht findet man uns dann leichter.« Der zweite befolgt den Rat. Keine Reaktion. »Schieß noch mal!«, fordert ihn der erste auf.

Wieder ein Schuss, wieder keine Reaktion. »Noch einen Schuss!«, drängt sein Freund. »Tut mir leid«, antwortet der Schütze, »das war mein letzter Pfeil.«

Sagt die Braut zu ihrem *schottischen Bräutigam*: »Ich habe es satt, mit einem Geizhals verlobt zu sein. Hier hast du deinen Ring zurück!« – »Und wo ist das Etui?«

Der junge *Scheich* betrachtet stolz lächelnd durch die Glaswand die Babys auf der Entbindungsstation. Fragt die Schwester: »Hoheit, welches ist Ihr Kind?« – »Die ersten zwei Reihen.«

Warum küsst der *Papst* immer den Boden, wenn er aus dem Flieger steigt?
Wohl noch nie mit Alitalia geflogen!

Ein Luxusdampfer verunglückt, doch die Rettungsboote haben nicht ausreichend Platz. Jeder Passagier bekommt eine Schwimmweste und soll springen, aber keiner traut sich. Die Crew ist verzweifelt. Schließlich wird der Kapitän gerufen. Dieser geht zu der Gruppe, die ängstlich an der Reling steht und redet mit ihnen. Dabei springt einer nach dem anderen ins Wasser. Als alle Passagiere von Bord sind, fragt der 1. Offizier den Kapitän, wie er die Leute denn überreden konnte.
»Na ganz einfach« meint der. »Zu den *Deutschen* habe ich gesagt, es sei ein Befehl. Zu den *Franzosen*, es sei patriotisch. Den *Japanern* habe ich versprochen, dass Springen gut für die Potenz sei. Und den *Italienern* habe ich gesagt, springen sei verboten.«

Auf der Baustelle arbeiteten vier Leute. Einer flog an diesem Tag vom Gerüst und starb. Der Chef gab dem ersten Arbeiter den Auftrag, die Ehefrau des Verunglückten zu verständigen, der jedoch weigerte sich: »Ich kenne sie doch nicht einmal.« – »Okay, das ist ein Argument!« Also sagte er zum Lehrling: »Na schön, dann gehst eben du.« Doch auch er weigert sich: »Chef, ich weiß nicht mal, wo sie wohnt!« Da meldet sich der *polnische Arbeiter* Kazik freiwillig und sagt: »Ich werde gehen.« Nach einer halben

Stunde kommt er wieder mit zwei Kisten Bier. Darauf der Chef: »Ohhh nein, Kazik, du solltest nicht einkaufen gehen, sondern der Frau ausrichten, dass ihr Mann tot ist.« Darauf Kazik: »Nein, nein, Cheffe, ich war bei Frau und sagte: ›Du Witwe!?‹ Sie: ›Nein!‹ Ich: ›Wetten um zwei Kisten Bier?‹«

In der Stewardessenprüfung wird die folgende Frage gestellt: Sie stürzen ab und retten sich mit zwanzig Männern im besten Alter auf eine einsame Insel. Was tun Sie?
Die *Engländerin*: »Ich bringe mich um!«
Die *Deutsche*: »Ich appelliere an deren Ehre!«
Die *Französin*: »Ich verstehe nicht, wo das Problem ist?«

Zwei *Holländer* besteigen einen Flug nach London. Einer nimmt den Fensterplatz, der andere setzt sich neben ihn auf den mittleren Platz. Kurz vor dem Start setzt sich ein *Deutscher* auf den Platz am Gang. Nach dem Start zieht der Deutsche seine Schuhe aus, wackelt mit seinen Zehen und macht es sich gemütlich, als der Holländer auf dem Fensterplatz sagt: »Entschuldigen Sie, ich muss aufstehen und mir eine Cola holen.«
»Bleiben Sie ruhig sitzen«, sagt der Deutsche, »ich sitze am Gang. Ich hol Ihnen Ihre Cola.«
Kaum ist er aufgestanden, nimmt einer der Holländer einen seiner Schuhe und spuckt hinein. Als er mit der Cola zurückkehrt, sagt der andere Holländer:

»Das sieht gut aus, ich hätte auch gerne eine.« Wieder erklärt sich der Deutsche bereit, sie zu holen. Als er weg ist, nimmt der andere Holländer den anderen Schuh und spuckt ebenfalls hinein. Als der Deutsche zurückkommt, lehnen sie sich alle zurück und genießen den Flug.

Als das Flugzeug zur Landung ansetzt, zieht der Deutsche seine Schuhe an und bemerkt sofort, was passiert ist.

»Warum nur?«, fragt er. »Wie lange wird das noch weitergehen? Dieser Kampf zwischen unseren Nationen. Dieser Hass. Diese Animositäten. Dieses In-die-Schuhe-Spucken und In-die-Cola-Urinieren.«

Michael Ballack, Ruud van Niestelrooy und ein Schwarzafrikaner sitzen vor dem Kreißsaal. Der Doktor kommt raus und sagt: »Ich habe eine gute und eine schlechte Nachricht für sie. Die Gute: Sie sind alle drei glückliche Väter. Die Schlechte ist allerdings: Wir haben leider die Babys vertauscht.« Michael Ballack rennt los und greift sich das schwarze Baby. Daraufhin meint der Arzt: »Herr Ballack, das ist doch auf keinen Fall Ihr Kind?« Ballack: »Ist mir egal, Hauptsache nicht den *Holländer*!«

Der *Politiker* George W. *Bush* fährt mit seinem Chauffeur übers Land. Plötzlich überfährt er ein Huhn. Wer soll es aber dem Bauern beibringen? Bush großmütig zu seinem Chauffeur: »Lassen Sie mich mal machen. Ich bin der mächtigste Mann der

Welt. Der Bauer wird's verstehen.« Gesagt, getan. Nach einer Minute kommt Bush atemlos zurückgehetzt. Er hat ein blaues Auge und einen lädierten Oberkiefer und ruft schon von Weitem: »Schnell weg hier!«

Die beiden fahren weiter. Plötzlich wird ein Schwein überfahren, noch dazu die einzige Sau von diesem Hof. Bush meint: »Mit diesem Outfit kann ich nicht gehen, bitte klären Sie das!« Der Chauffeur geht also zum Bauernhof. Bush wartet 10 Minuten, 20 Minuten. Nach einer Stunde erscheint der Chauffeur singend, freudestrahlend, mit einem dicken Schinken unter dem Arm.

Fragt ihn Bush: »Was haben Sie dem Bauern denn gesagt?« – »Guten Tag. Ich bin der Chauffeur von George Bush und habe die Sau überfahren!«

Warum sind *Italiener* so klein?
Weil ihre Väter gesagt haben: »Wenn ihr groß seid, müsst ihr arbeiten!«

Wie lange dauert ein Fußballspiel zwischen *Kolumbien* und *Jamaika*?
Keine Minute, da die Kolumbianer die Linien schnupfen und die Jamaikaner das Gras rauchen.

Wie wurde das Jodeln erfunden? – Zwei *Japaner* waren auf einer Bergtour. Plötzlich fällt ihr Radio in eine Schlucht. Sagt der eine Japaner: »Holidiladio odel Holdudiladio?«

»Papa«, fragt der kleine *Indianerjunge* seinen Vater, den Indianerhäuptling, »warum heißt meine ältere Schwester ›Aufgehende Sonne‹?« – »Nun«, spricht der weise Indianerhäuptling zu seinem Sohn, »als sie gezeugt wurde, ist gerade die Sonne aufgegangen!« – »Gut, Vater«, sagt der kleine Indianersohn zu seinem Vater, dem Indianerhäuptling, »aber warum heißt meine jüngere Schwester ›Blaue Blume‹?« – »Nun«, spricht der weise Indianerhäuptling zu seinem Sohn, »als sie gezeugt wurde, lagen eure Mutter und ich auf einem Feld voll blauer Blumen. Aber was soll diese Fragerei, ›Vergessene Pille‹?«

Arafat ist gestorben und steht vor der Himmelstür. Wie meistens, ist er schwer bewaffnet, er trägt eine MP und eine Pistole. Arafat klopft an der Tür, *Petrus* öffnet. Arafat: »Ja, hallo, ich möchte hier rein!« Petrus: »Nein, geht nicht! Denn bewaffnet kommt hier gar keiner rein!« Arafat riskiert einen Blick durch die Himmelstür und sieht einen großen, bärtigen Mann auf einem hohen Stuhl sitzen, der ein großes Gewehr in der Hand hält. Arafat: »Aber Petrus, selbst der liebe Gott hat doch ein Gewehr, warum darf ich das nicht!« Petrus: »Das ist eine Ausnahme. Und außerdem ist das gar nicht der liebe Gott. Das ist Karl *Marx*, der wartet auf Erich Honecker!«

George *Bush* ruft Gerhard Schröder an. »Gerhard, bitte help us äh uns! Die größte *Kondom*-Fabrik der USA ist letzte Nacht abgebrannt! Wir brauchen dringend 1.000.000 Kondome, kannst du uns damit aushelfen?« – »Sicher!«, antwortet Schröder. »Das dürfte kein Problem sein …« – »Die Kondome müssen aber in den amerikanischen Nationalfarben rot, blau und weiß gehalten sein. Außerdem müssten sie mindestens 30 Zentimeter lang sein und einen Durchmesser von mindestens sechs Zentimetern haben!«, sagt Bush. »Alles klar, ich kümmere mich darum!«, entgegnet Schröder. Daraufhin ruft Schröder den Chef der größten deutschen Kondomfabrik an: »Wir müssen den Amis mit 1.000.000 Kondomen aushelfen! Ist das machbar?« – »Natürlich!«, antwortet der Kondom-Fabrikant. »Irgendwelche besonderen Wünsche?« – »Ja. Die Kondome sollen rot, blau und weiß sein, außerdem mindestens 30 Zentimeter lang und mindestens sechs Zentimeter im Durchmesser.« – »Verstanden, kein Problem. Sonst noch etwas?« – »Ja«, sagt Schröder. »Tun Sie mir einen Gefallen und bedrucken Sie die Kondome mit ›Made in Germany. Size: Small‹.«

Abendnachrichten: »Über dem städtischen Friedhof in *Zürich* ist heute Morgen ein Hubschrauber abgestürzt. Bis jetzt wurden schon 2.000 Leichen geborgen.«

Frage an eine Zeitung: »Was ist der Unterschied zwischen einem Optimisten und einem Pessimisten?« Antwort: »Der Optimist schickt sein Kind in einen *Englisch*kurs, der Pessimist in einen *Türkisch*kurs.«

Woran erkennt man eine *türkische Domina*?
An ihrem Lederkopftuch!

Minister in *China*:
Unterricht: Bil Dung
Kultur: Aus Stel Lung
Finanzen: Mah Nung
Verkehr: Um Lei Tung
Verkehr, Abteilung Bundesbahnen: Ver Spae Tung
Bauminister: Y Tong
Luftfahrt: Lu Ping
Bildung: Tsu Dum
Energie: Hei Tsung
Wirtschaft: Scho Ping (nicht verwandt mit dem Luftfahrtsminister)
Landwirtschaft: Ku Dung
Wissenschaft: I Qu

Der Generalmanager von Coca-Cola kommt in den *Vatikan* und macht dem Heiligen Vater ein Angebot: »Heiliger Vater, wenn in jeder katholischen Kirche auf der Welt einen Monat lang im Vaterunser das Wort ›Brot‹ durch ›Coca-Cola‹ ersetzt wird, dann zahlen wir dem Vatikan acht Millionen Dollar!«
Entrüstet lehnt der Papst ab: »Auf keinen Fall – das kann ich nicht machen!«
»Na gut!«, verhandelt der Coca-Cola-Manager weiter: »12 Millionen Dollar für eine Woche: Das Wort ›Brot‹ im Vaterunser ersetzt durch ›Coca-Cola‹!«
»Nein, auf keinen Fall!«, wehrt der Papst ab.

»Na gut!« Der Manager spielt seinen letzten Trumpf aus: »100 Millionen Dollar dafür, dass an einem Sonntag weltweit in jeder katholischen Kirche das Wort ›Brot‹ im Vaterunser durch ›Coca-Cola‹ ersetzt wird!«

Da blickt der Papst zu seinen Kardinälen und fragt: »Wie lange läuft denn unser Vertrag mit der Bäckerinnung noch?«

Der israelische Regierungschef Netanyahu macht dem Papst den Vorschlag, anhand eines Golfturniers herauszufinden, welche Gläubigen die besseren seien: *Juden* oder *Katholiken*.

Der Papst berät im Vatikan mit seinen Kardinälen und meint: »Am besten, wir rufen Jack Nicklaus in Amerika an. Wir ernennen ihn zum Kardinal, dann kann er gegen Netanyahu spielen und der Sieg ist uns sicher.« Da alle von dieser Idee begeistert sind und der Papst ohnedies unfehlbar ist, stimmen alle Kardinäle zu.

Jack Nicklaus wird angerufen und, wie sollte es anders sein, er fühlt sich hochgeehrt und übernimmt den Auftrag. Nach dem Spiel kommt Nicklaus in den Vatikan, um Bericht zu erstatten: »Ich bin Zweiter geworden, Eure Heiligkeit.«

»Wie bitte? Nur Zweiter?«, fragt der Papst. »Zweiter hinter Netanyahu?« – »Nein«, sagt Nicklaus. »Zweiter hinter Rabbi Woods.«

Warum klauen *Russen* immer zwei Autos?
Nun, sie müssen auf ihrem Heimweg ja durch *Polen*.

Auf einer Propaganda-Tournee durch *Amerika* besucht Präsident George Bush eine Schule und erklärt dort den Schülern seine Regierungspolitik. Danach bittet er die Kinder, Fragen zu stellen. Der kleine Sean ergreift das Wort: »Herr Präsident, ich habe drei Fragen:

1. Wieso sind Sie Präsident, obwohl Sie bei der letzten Wahl weniger Stimmen hatten als Ihr Gegner?
2. Warum haben Sie den Irak ohne Grund angegriffen?
3. Denken Sie nicht auch, dass die Atombombe auf Hiroshima der größte terroristische Anschlag aller Zeiten war?«

In diesem Moment läutet die Klingel zur Pause und alle Schüler laufen aus dem Klassenzimmer.

Als sie von der Pause zurückkommen, fordert Präsident Bush erneut dazu auf, Fragen zu stellen. Diesmal ergreift Joe das Wort: »Herr Präsident, ich habe fünf Fragen:

1. Wieso sind Sie Präsident, obwohl Sie bei der letzten Wahl weniger Stimmen hatten als Ihr Gegner?
2. Warum haben Sie den Irak ohne Grund angegriffen?
3. Denken Sie nicht auch, dass die Atombombe auf Hiroshima der größte terroristische Anschlag aller Zeiten war?
4. Warum hat die Pausenklingel heute zwanzig Minuten früher geläutet?
5. Wo ist Sean?«

In einem Südstaat in den *USA* liegt ein toter Afro-amerikaner auf der Straße. Der Sheriff untersucht die Leiche, findet 23 Einschussstellen und sagt: »Mein Gott, so einen abartigen Selbstmord habe ich lange nicht gesehen!«

Der Lehrer fragt nach der Pause den kleinen Fabian, was er denn gerade so gemacht habe. Fabian: »Ich habe mit Sebastian in der Sandkiste gespielt!« – »Sehr schön«, sagt der Lehrer, »und wenn du nun das Wort ›Sand‹ richtig an die Tafel schreibst, darfst du jetzt schon nach Hause gehen!« Fabian schreibt ›Sand‹ und darf nach Hause gehen. »Und du, Sebastian, was hast du vorhin gespielt?« – »Ich habe mit Fabian in der Sandkiste gespielt.« – »Aha«, sagt da der Lehrer, »und wenn du jetzt richtig ›Kiste‹ an die Tafel schreibst, darfst du auch nach Hause gehen!« Sebastian schreibt ›Kiste‹ und darf wie versprochen nach Hause gehen. Dann wendet sich der Lehrer an ein Gastarbeiterkind: »Und du, Erkan, was hast du in der Pause gemacht?« Erkan: »Ich wollen spielen mit Fabian, auch Sebastian, aber die sagen, *Gastarbeiter* dürfen nicht mitspielen!« Der Lehrer: »Oh, das ist ja eine Diskriminierung ethnischer Minderheiten! Aber auch du darfst nach Hause gehen, wenn du richtig an die Tafel schreibst ›Diskriminierung ethnischer Minderheiten‹!«

Scherzfrage: Warum sieht ein *Eskimo* bei helllichtem Tag seine Hand vor Augen nicht? Weil er Handschuhe anhat.

Auch in einem ehemaligen Ostblockland pflegten die Menschen ihre *Vorurteile*: Eines Tages gab es mal wieder Bananen. Zumindest das Gerücht. Oder sie sollten noch geliefert werden? Wie auch immer. Prompt war um 8.00 Uhr morgens schon eine kilometerlange Menschenschlange zu sehen. Um 12.00 Uhr trat der Geschäftsleiter hinaus: »Leute, die Bananen reichen nicht für alle. Also, eigentlich haben wir im Sozialismus ja nichts gegen Juden und so, aber …!« Die Juden verstehen auch so und gehen nach Hause.

Man wartet bis vier Uhr nachmittags. Der Leiter: »Also, um genau zu sein, es sind wirklich nicht viele Bananen. Es reicht nur für die Parteimitglieder.« Die anderen murren und ziehen ab.

Man wartet bis sechs am Abend. Der Leiter: »Es ist nur ganz wenig. Nur die ausgezeichneten und zuverlässigen Parteimitglieder werden etwas bekommen.« Der Rest ärgert sich und zieht ebenfalls ab.

Als alle außer einer Handvoll weg sind, sagt der Leiter: »Ihr seid treue Kommunisten, euch kann ich es sagen: Es gibt keine Bananen. Nicht jetzt und nicht später.« Da meint der eine Aktivist zum anderen: »Typisch Juden, immer werden sie bevorzugt behandelt!«

Was ist der Unterschied zwischen den *USA* und *Deutschland*? Die USA haben einen Präsidenten Barack Obama, einen Stevie Wonder, einen Bob Hope und einen Jonny Cash. Deutschland hat eine Kanzlerin Angela Merkel, aber no Cash, no Hope, no Wonder!

In einem Zugabteil sitzen ein *Chinese*, ein *Amerikaner*, ein *Türke* und ein *Deutscher*. Plötzlich steht der Chinese auf, öffnet das Fenster und wirft eine Handvoll Reis hinaus. Auf die Frage, was dies soll, entgegnet er: »Wil haben sovill Leis in China, da machen das bissel Leis nix aus.«

Der Amerikaner überlegt und wirft schließlich ein Bündel Dollarnoten hinaus und sagt: »Wir haben sou vail Dollars in USA, sou those are peanuts.«

Da schaut der Türke den Deutschen ängstlich an und sagt: »Du jetz bitte nix kommen auf krasse Idee!«

Özdemir telefoniert mit seinem *Chef*: »Du Chef, ich Hand-Kopf-Fußweh haben, ich nicht arbeiten kommen können!

Sagt der Chef: »Okay, aber ich gebe dir einen Tipp: Wenn mir mal etwas wehtut, gehe ich zu meiner Frau und küsse sie minutenlang! Danach bin ich gleich wieder fit!«

Özdemir sagt: »Okay«, und legt auf. Nach einer Weile ruft Özdemir wieder seinen Chef an und sagt: »Du Chef, du recht haben, mir nix mehr weh tut ... und eines noch, du schönes Haus haben!«

Mylord kommt mit dem Rolls-Royce nach Hause in sein *englisches* Schloss. Der Butler öffnet die Tür und hilft mit einem freundlichen Lächeln aus dem Mantel. Butler: »Na, du alter Bock, warst du wieder in der Stadt rumhuren?!« Mylord: »Nein James, ich habe mir endlich ein Hörgerät gekauft.«

Ein *Schotte* besucht seinen Freund. Der ist gerade dabei, die Tapeten von seiner Wohnzimmerwand zu lösen. Also fragt er: »Tapezierst du neu?« Die Antwort: »Nein, ich ziehe um!«

In der überfüllten Straßenbahn bietet ein *Schweizer* einer Dame seinen Sitzplatz an. Die Dame bedankt sich gerührt. Sagt der Schweizer: »Nichts zu danken. Es ist die Pflicht jedes höflichen Mannes, einer Dame seinen Sitzplatz anzubieten. Viele Männer stehen zwar nur bei schönen Frauen auf, aber ich mache da keinen Unterschied.«

In *Deutschlands* Großstädten werden bei einer Meinungsumfrage insgesamt 10.000 Leute zum Thema »Denken Sie, dass es in Deutschland zu viele Ausländer gibt?« interviewt. Das Ergebnis ist verblüffend. 2,4 Prozent der Befragten sagten: »Keine Ahnung, ist mir egal«, 13,6 Prozent antworteten mit: »Ja, allerdings« und 84 Prozent antworteten: »Du bite könen Fraga wiederholen.«

Ein *Europäer* reist durch die *Vereinigten Staaten* und geht in einer Kleinstadt in eine Bar. Er bestellt einen Drink, und während er wartet, zündet er sich eine Zigarre an. Er nimmt immer mal wieder einen Zug und bläst gemütlich ein paar Rauchringe. Da kommt plötzlich ein *Indianer* wütend auf ihn zu und sagt: »Noch so eine gemeine Bemerkung, und ich stopf dir dein großes Maul!«

Schulze war in *Brasilien* in Urlaub. Nach seiner Rückkehr fragt ihn der Chef: »Na Schulze, wie war es denn in Rio?« – »Ach, in Brasilien gibt es nur Prostituierte und Fußballspieler!« – »Wussten Sie eigentlich, dass meine Frau Brasilianerin ist?« – »Oho, bei welchem Verein spielt sie denn?«

Wie lautet die neueste Werbekampagne für Urlaub in *Russland*? Kommen Sie zu uns, bevor wir zu Ihnen kommen!

Amerikanische Kulturgeschichte!

Warum darfst du niemals lachen, wenn ein *Pole* mit dem Auto gegen einen Baum fährt? – Es könnte dein Auto sein!

Gespräch in einem *englischen Club*: »Sir Broading, wollen Sie mit uns einen Whiskey trinken?« – »Lord Winston, ich habe einmal in meinem Leben einen Whiskey getrunken, nie wieder!« Etwas später: »Sir Broading, wollen Sie mit uns eine Dunhill rauchen?« – »Lord Winston, ich habe einmal in meinem Leben eine Dunhill geraucht, nie wieder!« Abermals etwas später: »Sir Broading, wollen Sie mit uns eine Partie Bridge spielen?« – »Lord Winston, ich habe einmal in meinem Leben Bridge gespielt, nie wieder! Aber in etwa zehn Minuten kommt mein Sohn. Der wird sicher gerne mit Ihnen spielen!« – »Ihr einziger Sohn nehme ich an!«

Nationalitäten

Ein *Australier* hat von seinem Freund einen neuen Bumerang geschenkt bekommen. Seitdem versucht er vergeblich, den alten wegzuschmeißen!

»Hast du was gegen *Ausländer*?« – »Wie, gibt es da jetzt schon Mittel dagegen?«

In einem Safari-Club in *Kenia* sitzen mehrere Herren abends beisammen und erzählen einander die Erlebnisse des Tages. Sagt der erste: »Also, ich hatte heute eine großartige Jagd. Ich habe zwei Elefanten, fünf Zebras und zehn Antilopen geschossen.« Meint der zweite: »Das ist ja gar nichts. Ich habe heute vier Elefanten, elf Zebras, zwölf Antilopen und ein Noplis geschossen.« Sagt der dritte: »Bei mir war's noch besser. Ich habe heute zehn Elefanten, 18 Zebras, 325 Antilopen und fünf Noplis geschossen.« Sagt der Vierte: »Ich habe mich jetzt auf Noplis spezialisiert und heute 120 Noplis geschossen.« Sagte der Erste: »Also, Entschuldigung, bitte was ist ein Noplis? Ich hab noch nie von diesem Tier gehört.« Daraufhin die anderen: »Das ist doch leicht erklärt. Es sind braune Tiere und man sieht sie in der Savanne und wenn du auf sie anlegst, dann schreien sie: ›No, please! No, please!‹«

Was machen *Kannibalen* aus Medizinern? – Hot Docs!

Walisisch ist ungefähr wie das, was immer beim Scrabble übrig bleibt.

Was macht eine *muslimische Frau* mit einem weißen Blatt Papier? – Sie studiert ihre Rechte.

Ein *Europäer* und ein *Japaner* streiten miteinander. Nach einiger Zeit eskaliert der Streit und beide werden handgreiflich – zack, auf einmal liegt der Europäer auf dem Boden. »Was war denn das?«, fragt er seinen Gegner. »Das kommt aus meiner Heimat, das war Karate.« Sie raufen weiter, nach ein paar Sekunden fliegt der Europäer quer durchs Zimmer. »Das kommt auch aus meiner Heimat, das war Judo«, sagt der Japaner. Sie raufen weiter und plötzlich liegt der Japaner auf dem Boden. »Was war denn das?«, fragt dieser erstaunt. »Das kommt auch aus deiner Heimat«, antwortet der Europäer, »das war ein Wagenheber von Toyota!«

Was ist die gefährlichste Rallye der Welt? Mit dem Würstchen-Wagen durch *Äthiopien*.

Habt ihr von dem *Franzosen* gehört, dessen Baskenmütze vom Kopf geweht wurde? – Sie landete auf einer Kuhweide, und er musste sieben Stück anprobieren, bis er seine wiederfand!

Eine *italienische* Reisegruppe besichtigt die berühmten Niagarafälle. Der Fremdenführer bemerkt: »Meine Damen und Herren, wenn Sie für einen Moment Ihre Unterhaltung einstellen, könnten Sie das gewaltige Tosen des Wasserfalls hören.«

Aus der *serbischen* Botschaft dringt Musik bis auf die Straße. Kommt ein Passant vorbei und erkundigt sich, was denn hier heute los sei. Meint der Empfangschef: »Wir haben heute eine große Galafeier für Veteranen.« – »Oh interessant, und was kostet der Eintritt?« – »Bedaure, mein Herr, aber ich kann Sie nur mit schriftlicher Einladung einlassen.« Der Mann ist betrübt: »Kann man denn da gar nichts machen?« Der Empfangschef überlegt ein bisschen: »Tja, wenn Sie ein Dutzend Kroaten und einen Hund töten, überlege ich es mir vielleicht.« – »Einen Hund, wozu soll ich denn einen Hund töten?« – »Na gut, Sie dürfen rein!«

»Darf ich Ihnen meinen Arm anbieten?«, fragte der *Kannibalen*-Gentleman eine Kannibalen-Lady. »Danke«, entgegnet sie errötend, »ich habe bereits gefrühstückt.«

Was ist ein *Kannibale*, der seinen Vater und seine Mutter gegessen hat? – Satt!

Ende der 30er Jahre sitzen in einem *sowjetischen* Arbeitslager drei Männer beisammen. Der erste fragt den zweiten: »Weshalb bist du hier?« – »Weil ich 1935 für Iwan Tschewanatsche war.« Dann fragt der erste den dritten: »Und warum bist du hier?« – »Weil ich 1937 gegen Iwan Tschewanatsche war.« Schließlich fragt der dritte den ersten: »Und du?« – »Ich bin Iwan Tschewanatsche!«

Letztens bei einem Volksfest rief ein *Chinese* vor einem Zelt: »Leute kommt alle hel! Liiisen Attlaktion hiel. Nul dlei Eulo Eintlitt! Leute kommt alle helein! Liiisen Attlaktion hiel! Einmalig auf del Welt!« Und was war drin zu sehen? Nun, eine Bühne, der Vorhang war noch heruntergelassen. Man wartete auf weitere Zuschauer. Draußen hörte man den Chinesen weiter die Leute anlocken: »Heleinspazielt, heleinspazielt!« Dann war es soweit, das Licht ging aus. Der Vorhang wurde langsam nach oben gezogen. Nach einem kurzen Augenblick erschien ein kleiner Chinese, verneigte sich vor dem Publikum, holte tief Luft und sagte: »Rrrrrrrrr …«

Sitzt ein Mann am total verschmutzen Rhein und wäscht seine Hände, dann seine Arme und das Gesicht. Als er gerade mit der rechten Hand Wasser zum Trinken schöpfen will, kommt ein anderer gelaufen und warnt: »Nicht trinken, nicht trinken!« Der Mann dreht sich um und fragt: »Bitte langsam reden, ich nix verstehen!« Der *Deutsche* daraufhin klar und deutlich: »M-i-t z-w-e-i H-ä-n-d-e-n!«

Ein *Grieche* betritt eine Sparkasse: »Ich möchte ein Gyroskonto eröffnen, aber ein bisschen Tsatsiki!« Antwortet der Kassierer: »Dieser Ton ist bei uns nicht Ouzo!«

In einem *Wiener* Café. Ober: »Was darf es sein?« Gast: »Bringen S' ma an Apfelstrudel und a Bier!« –

»Tut mir leid, mein Herr, Apfelstrudel ist aus!« – »Na gut, dann bringen S' ma an Apfelstrudel und an Kaffee!« – »Entschuldigung, Apfelstrudel ist aus!« – »Macht nix, dann bringen S' ma einfach an Apfelstrudel und a Glas Milch!« – »APFELSTRUDEL IST AUS!« – »Is ja kein Problem, bringen S' ma stattdessen an Apfelstrudel und ein Coca Cola!« – »Hören S', Sie Vollidiot, Apfelstrudel is aus!« – »Jetzt haben S' mi beleidigt, jetzt können S' ma den Apfelstrudel einpacken, i ess ihn zu Hause!«

Grauschwarzer Humor ⌒

Jetzt geht es um die nicht ganz so liebe Behandlung von Mitmenschen! Da der Personenkreis, der solche Witze lustig findet, erstaunlich groß ist, wie ich bemerken konnte, sei auch dieser versorgt.

Geht ein *Stotterer* zu einem Zeitungskiosk in Wien: »Ei-Ei-Eine Z-Z-Zeit-t-tung, b-b-itte.« Der Verkäufer: »H-H-hier, z-z-zwei O-O-O-Euro, b-b-itte.« Der Stotterer zahlt und während er hinausgeht, bedient der Verkäufer den nächsten Kunden: »Eine Zeitung, bitte.« – »Hier, zwei Euro, bitte.« Erbost kehrt der Stotterer um und packt den Verkäufer am Kragen: »W-W-Willst d-d-d-u m-mich v-v-ver-verarschen?« Der Verkäufer: »N-n-nein, d-d-d-den a-a-anderen …«

Ein *Taxifahrer* wird von einem hübschen weiblichen Fahrgast gebeten, noch mit in die Wohnung zu kommen. Er fühlt sich geschmeichelt und willigt ein. In der Wohnung angekommen, sagt die Frau: »Ziehen Sie sich schon mal aus, ich komme dann gleich zu Ihnen!«, und geht in den Nebenraum. Der Taxifahrer zieht sich also aus und schaut erwartungsvoll zur Tür. Da kommt die Frau, gefolgt von drei Kindern, und sagt: »Schaut her, Kinder, so hässlich werdet ihr mal aussehen, wenn ihr nicht immer brav aufesst!«

Eines Tages kommt Christa von der Schule nach Hause und sagt zu ihrer Mutter: »Mama, alle in der Schule sagen, ich hab ein *Arschgesicht*.« – »Nein! Du bist hübsch, du siehst aus wie eine Barbie-Puppe.« Christa geht zu ihrem Vater und erzählt ihm das Gleiche. »Nein! Du bist wunderschön, du siehst aus wie die Puppe Cindy.« Danach geht sie zu ihrem Opa. Der ist gerade unten im Plumpsklo mit Reperaturarbeiten beschäftigt. Christa schaut durch die Klobrille und schreit zu ihrem Opa hinunter: »Opa! Opa!« Opa antwortet: »Nein! Noch nicht kacken, ich bin noch nicht fertig!«

»Mama, Mama, ich will nicht nach *Amerika*.« – »Ruhig Bua, schwimm weiter!«

Ein reicher Mann möchte sich ein Sommerhaus auf dem Land kaufen. Er findet ein schönes an einem See und erkundigt sich bei einem benachbarten Bauern nach der *Mückenplage*. »Ach, die sind kein Problem. Wir setzen dann immer die Oma vor die Tür, schmieren ihr Honig ins Gesicht und dann fliegen die Mücken alle auf sie.« Der Mann ist entsetzt: »Um Himmelswillen, die kratzt sich ja blutig!« – »Nein, nein, das geht gar nicht – sie ist gelähmt!«

Der *Tierarzt* ruft bei Herrn Bobrowsky an: »Ihre Frau ist mit Ihrer Katze da und bat mich, sie einzuschläfern. Ist das in Ordnung?« – »Klar, und die Katze können Sie raussetzen, sie kennt den Heimweg!«

»Mami, Mami, ich will aber gar keine *Ohrringe*!« – »Ruhig jetzt, oder denkst du, ich bringe den Locher vergeblich mit aus dem Büro?«

Familie *Sadist* fährt Auto, am Steuer sitzt Vater Sadist, neben ihm Mutter Sadist und hinten die beiden Kinder Sadist. Plötzlich läuft eine Katze über die Straße, der Vater drückt aufs Gaspedal, erwischt die Katze und die ist tot. Familie Sadist freut sich. Kurze Zeit später überquert eine Dame mit Kinderwagen die Straße, wieder drückt Vater Sadist aufs Gaspedal und erwischt beide. Familie Sadist freut sich. Plötzlich hat der Wagen Probleme, der Motor tuckert, der Wagen bleibt stehen. Die Mutter steigt aus, um nachzusehen, was los ist, und möchte gerade vorne die Motorhaube öffnen, als Vater Sadist aufs Gaspedal steigt und die Mutter überfährt. Die restliche Familie Sadist freut sich. Nur der kleine Gerald hinten weint. Vater: »Musst nicht weinen Gerald, es war ja nur die Mama!« Gerald: »I hab's net g'sehn!«

Ein *Obdachloser* geht in ein vornehmes Restaurant. Der Kellner will ihn natürlich sofort hinauswerfen, doch der fragt nur: »Bitte könnte ich einen Zahnstocher haben?« Er bekommt ihn und geht. Kurz darauf kommt noch ein Obdachloser und fragt ebenfalls nach einem Zahnstocher. Der Kellner gibt ihm auch einen und wundert sich, was die damit wollen. Kommt ein dritter Obdachloser hinein und der Kellner drückt ihm schon leicht wütend einen Zahnstocher in die Hand.

Sagt der Obdachlose: Nein, nein, könnte ich bitte einen Strohhalm haben?«

Der Kellner verdutzt: »Einen Strohhalm? Wozu brauchen Sie jetzt bitte einen Strohhalm?«

Der Obdachlose: »Ja wissen Se, da draußen hat sich jemand übergeben und die Bröckchen sind schon alle weg!«

Fragen und Sprüche ～～

Die Sätze im folgenden Kapitel eignen sich zum kurzen Einstreuen, wenn Sie selbst eine Rede halten, aber auch in einer Unterhaltung, wenn jemand etwas erzählt. Wenn dies kein ernstes Thema ist, nützen Sie eine Atempause Ihres Gegenübers, aber unterbrechen Sie ihn nicht mitten im Wort.

Was ist der Unterschied zwischen einem *Apotheker* und einem *Bergsteiger*? Der Apotheker hat ein Heilserum, der Bergsteiger hat ein Seil herum!

Wie begrüßen einander zwei *Jäger*, wenn sie einander treffen? »Waidmanns Heil.« Wie begrüßen einander zwei *Angler*, wenn sie einander treffen? »Petri Heil.« Wie begrüßen einander zwei *Päpste*, wenn sie einander treffen?
Gar nicht, es gibt nur einen!

Was ist der Unterschied zwischen einer *Hebamme* und einem *Chemiker*? Der Chemiker sagt »H_2O« und die Hebamme »Oha, zwei«.

Was haben *Nasen* und *Füße* gemeinsam?
Sie können beide laufen und riechen.

Was ist der Unterschied zwischen einem *Fallschirm* und einem *Verhüterli*? Wenn der Fallschirm reißt, gibt es einen Toten.

Ein Mann spaziert auf einer Landstraße, da begegnen ihm zwei Damen, die eine groß und schlank, die andere klein und rundlich, eine mit dunklen Augenbrauen und spitzer Nase, die andere hat blonde Brauen und eine Knubbelnase. Und doch sieht er, dass es Schwestern sind. Woran hat er das erkannt? Antwort: An ihrer Kleidung, es sind *Klosterschwestern*.

Was ist der Unterschied zwischen einem *Griesbrei* und einem *Epileptiker*?
Der Griesbrei liegt in Zucker und Zimt. Der Epileptiker liegt im Zimmer und zuckt.

Fragen für Oberschlaue:
1. Lässt sich *Wasser* verdünnen?
2. Wenn man sich vornimmt, den ganzen Tag nichts zu *erreichen* und das dann auch schafft, hat man dann doch etwas erreicht?
3. Warum baut man *Flugzeuge* nicht aus demselben Material wie die »Blackbox«?
4. Gibt es ein anderes Wort für »*Synonym*«?
5. Warum besteht *Zitronenlimonade* größtenteils aus künstlichen Zutaten, während in Geschirrspülmittel richtiger Zitronensaft drin ist?
6. Was soll das *Verfallsdatum* auf saurer Sahne?

7. Und wenn man sich zwei Mal *halbtot* lacht?
8. Warum trägt ein *Kamikazepilot* einen Helm?
9. Warum gibt es *Whiskas* »Huhn«, »Fisch« und »Rind«, aber kein Whiskas »Maus«?
10. Wenn *Superkleber* wirklich überall klebt, warum dann nicht auf der Innenseite der Tube?
11. Leben *Verheiratete* länger oder kommt ihnen das nur so vor?
12. Mit welcher *Geschwindigkeit* breitet sich Dunkelheit aus? Auch mit Lichtgeschwindigkeit?
13. Warum laufen *Nasen*, während *Füße* riechen?
14. Warum verwendet man bei Injektionen zur *Todesstrafe* sterilisierte Nadeln?
15. Wenn Maisöl aus Mais gemacht wird, was ist dann mit *Babyöl*?

Übrigens heißen die Buttons, die man auf der Homepage der *juristischen* Fakultät anklicken kann, Rechts-Links.

Die Fertilität von Solanum tuberosum ist indirekt proportional zum Intelligenzquotienten der Agrarökonomen! Kurz: Die dümmsten *Bauern* ernten die dicksten *Kartoffeln*, noch kürzer: Die Dummen haben's Glück!

Was ist der Unterschied zwischen *Lego* und einer nackten Frau?
Na, wenn Sie das nicht wissen, spielen Sie am besten weiter mit Lego!

Was ist weiß und stört beim Essen?
Eine *Lawine*!

Kennen Sie den Unterschied zwischen einer *Kaffee-tasse* und einem *Nachttopf*?
Nein? Na, bei Ihnen daheim muss es ja zugehen!

Was ist der Unterschied zwischen dem *Parlament* und Jeans?
Bei den Jeans sind die Nieten außen.

Wie schafft man es, an der *Börse* zu einem kleinen Vermögen zu kommen?
Man muss vorher ein großes gehabt haben.

»Wussten Sie, dass wir Menschen nur ein Drittel unseres *Gehirns* benutzen?« – »Ach ja? Und was machen Sie mit dem anderen Drittel?«

Woher hat das *Tandem* seinen Namen?
Wenn der hinten Sitzende nicht mithilft, tan dem Vorderen die Füaß weh!

Es gibt nicht nur die Silberne Hochzeit und so weiter, sondern auch die *Blecherne Hochzeit*: zehn Jahre Essen aus der Dose!

Warum tragen dümmere Menschen oft unter jedem Arm einen *Heuballen*? Das sind die externen Speicher!

Was ist der Unterschied zwischen einem *Telefon* und einem *Politiker*? Den Telefonhörer kann man aufhängen, wenn man sich verwählt hat.

Ein Mann hat 3 € 80, also geht er zum Markt und kauft für 3 € 50 *Zwetschken*. Auf dem Heimweg verliert er vier Stück. Wie viele hat er noch? Antwort: 46 (da er ja 50 gekauft hat, die ihn im Übrigen 3 € gekostet haben).

»Mein *Name* ist Lang!« – »Egal, ich habe Zeit!«

Schluchzt die *Glühbirne*: »Ich bin fassungslos!«

Wundert sich ein Besucher im Wachsfigurenkabinett in London: »Das sollen *Wachsfiguren* sein? Seit meinem letzten Besuch sind die aber kein Stück größer geworden!«

Atomwitz. Alles strahlt …

Ich sag euch nur das Eine: Auch *Arme* haben Beine!

Lieber *voll* heimkommen als leer ausgehen.

Wenn *ich* du wäre, wäre ich lieber ich!

Wenn Sie den Zweiten überholen, der Wievielte sind Sie dann? (Nein, nicht der Erste, dann sind Sie der Zweite!)

Was hat ein *Revolver* mit *Windows 98* gemeinsam?
Solange sie nicht geladen sind, sind sie harmlos.

Lieber *Sonne* im Herzen als einen Schatten auf der
Lunge.

Lieber *Sommersprossen* als gar keine Gesichtspunkte.

Lieber *Rum* trinken als rumstehen.

Lieber *Phantasie* als Cola du.

Lieber natürliche *Dummheit* als künstliche Intelligenz.

Lieber mit Gretel im *Bett* als mit Hänsel im Ofen.

»Wie geht dein neues *Fahrrad*?« – »Es geht nicht, es
fährt.« – »Na gut, wie fährt es?« – »Es geht!«

Die Herren, die an der Stirn kahl sind, sind gute
Denker! Die Herren, die am Hinterkopf kahl sind,
sind gute *Liebhaber*! Und die Herren, die überall eine
Glatze haben? Die denken, dass sie gute Liebhaber sind!

Hiermit teilen wir Ihnen mit, dass wegen der Einführung
des Euros die Kamasutra-Position ›69‹ künftig
35,28 heißt. Mit freundlichen Grüßen, die *Euro*-Umstellungsbehörde.

Alle angenehmen Dinge sind entweder unmoralisch, illegal oder machen *dick*!

Die wahre Bedeutung der *Altersbegrenzungen* von Filmen ist: Ab 12 – der Held bekommt das Mädchen. Ab 16 – der Brutale bekommt das Mädchen. Ab 18 – jeder bekommt das Mädchen.

Rätsel: »Was ist das: Tagsüber sitzt man drauf, nachts schläft man drin und morgens putzt man sich damit die Zähne?« – »Na, ein Stuhl, ein Bett und eine Zahnbürste!!!«

Eine einfache Erklärung der *Relativitätstheorie*: Ich stoße jemandem mit aller Gewalt einen Finger in die Nase. Da hat er einen Finger in der Nase und ich habe einen Finger in der Nase, aber ich stehe dann doch relativ besser da …

Tiere

Es gibt unglaublich viele Tierliebhaber. Hier kön-
nen Sie mit einem passenden Witz leicht Herzen
erobern. Versuchen Sie, zu beliebten Tierarten wie
Hund, Katze, Papagei, Pferd oder Kuh einen Witz
parat zu haben.

Sagt ein Mann zum anderen: »Neulich war ich in der
Wüste. Da kommt mir plötzlich ein *Löwe* entgegen.
Ich renne los, sehe eine Palme und versuche sie zu
erreichen. Der Löwe rutscht aus. Ich renne weiter,
der Löwe hinter mir rutscht abermals aus. Da bin ich
nur noch einen Meter von der Palme entfernt, der
Löwe rutscht schon wieder aus. Und dann war ich
Gott sei Dank endlich auf der Palme.« – »Das ist ja
toll«, sagt der andere. »Also, wenn mir das passiert
wäre, ich hätte mich angemacht.« – »Ja, auf was,
glaubst du, ist der Löwe wohl ausgerutscht?«

Treffen sich eine *Katze* und eine *Gans*. Sagt die Gans:
»Ich gehe auf eine Ganstagsschule.« Darauf die Kat-
ze: »Das ist doch gar nichts! Ich wohne in einem
Miezhaus.«

Sitzt eine Bauernfamilie vor dem Fernseher, plötzlich
ein unerwarteter Stromausfall. »Hm, was machen wir

denn jetzt?«, fragt der Vater und grübelt. Dann hat er eine Idee: »Lass uns mal *Filmtitelraten* spielen. Ich beginne.« Der Vater nimmt also den Hund an die Leine, zerrt ihn damit hoch und schleudert ihn rotierender Weise kopfüber aus dem Fenster. Vater: »Na, wie heißt der Film?« Großes Raunen geht durch die Familie, alle schweigen und keiner kommt darauf. Vater: »Ist doch klar: *Hunde*, wollt ihr ewig leben.« Alles stöhnt und die Mutter ist an der Reihe.

Sie nimmt den *Papagei* und donnert ihn in den Kaktus und fragt auch: »Na, wie heißt der Film?« Wieder geht großes Raunen durch die Stube und keiner kommt darauf. Mutter: »Dornenvögel!«

Die Lage entspannt sich, und die Großmutter ist dran. Sie nimmt ihr Gebiss aus dem Mund und wirft es an das in der Stube hängende Hirschgeweih. Großmutter (ohne Gebiss): »Na, wii heischt de hilm?« Abermals ist niemand in der Lage, das Rätsel zu lösen. Großmutter (ohne Gebiss): »Die Brügge am Gwai!«

Treffen einander zwei *Schnecken* und eine ist ganz mit Verband umwickelt, fragt die andere: »Was ist denn mit dir passiert?« – »Neulich bin ich durch den Wald gerannt, und plötzlich schießt ein Schwammerl aus dem Boden, da konnte ich nicht mehr ausweichen.«

Warum trinken *Mäuse* keinen Schnaps? – Weil sie Angst vor dem Kater haben!

Sabrina in der Zoohandlung: »Ich hätte gerne 22 *Kakerlaken*, 7 *Spinnen* und 62 *Kellerasseln*.« – »Wozu denn das?« – »Ich ziehe bald um und laut Mietvertrag muss ich die Wohnung so verlassen, wie ich sie vorgefunden habe.«

»Warum bist du *Vegetarier*?« – »Aus Liebe zu den Tieren.« – »Ach ja – und warum isst du ihnen dann das Futter weg?«

Ein Bauer braucht einen neuen Zuchthahn. Er sucht sich aus dem Katalog einen ausgezeichneten Champion aus und bestellt ihn. Als der *Hahn* dann auf der Farm ankommt und aus seiner Box raus ist, flitzt er geradewegs zu den Hennen ins Gehege und nimmt sich eine nach der anderen vor. Der Bauer kann es gar nicht fassen. Kaum ist der Hahn mit der letzten Henne fertig, torkelt er aus dem Stall und fällt mitten auf dem Hof um.

Der Bauer denkt sich: ›Der ist hinüber‹ und geht hin, um sich zu vergewissern. Mittlerweile kreisen schon erwartungsvoll die Geier über der Szenerie. Als sich der Bauer über den Hahn beugt und ihn anstößt, schlägt dieser ein Auge auf und flüstert: »Alter, wenn du mir die Nummer mit den Geiern vermasselst, zünd ich dir den Hof an.«

Zehn Hahnenjahre später ist der gleiche Gockel ziemlich ruhig geworden. So ruhig, dass der Bauer beschließt, einen jungen Hahn zu kaufen. Als der alte den jungen erblickt, marschiert er auf ihn zu und sagt: »Pass auf, Jungspund. Meine Zeit ist abgelaufen, aber ich will eine sportliche Wachablösung. Besiegst du mich im Wettlauf, gehören meine Hennen dir.« – »Einverstanden!«, antwortet der junge Hahn. – »Aufgrund meines Alters gönnst du mir aber sicher zwei Meter Vorsprung.« Der junge grinst und willigt ein, und auf Kommando sausen beide los. Der alte vorneweg, der junge hinterher. Als plötzlich ein Schuss knallt und der junge Hahn tot zusammenbricht, ruft der Bauer mit qualmender Knarre in der Hand seiner Frau zu: »Verdammter Mist, das war diese Woche schon der dritte schwule Hahn.«

Familie Müller macht eine Wanderung durch den Wald. Nach ein paar Stunden sagt Herr Müller: »Schaut mal, hier ist der ideale Platz für ein Picknick!« Frau Müller entgegnet: »Schatz, du hast wie immer recht: Hunderttausend *Ameisen* können nicht irren!«

Treffen sich zwei *Schlangen* in der Wüste, fragt eine die andere: »Du, sind wir eigentlich giftig?« Sagt die andere: »Weiß ich nicht, wieso?« Darauf die erste wieder: »Ich habe mir gerade auf die Zunge gebissen!«

Ein Zoologiestudent steht mitten im Examen. Der Professor deutet auf einen halbbedeckten Käfig, in dem nur die Beine eines *Vogels* zu sehen sind. »Welcher Vogel ist das?« – »Weiß ich nicht.« – »Ihren Namen bitte!« Da zieht der Student seine Hosenbeine hoch: »Raten Sie mal!«

Wenn Schwimmen schlank macht, was machen *Blauwale* falsch?

Ein Dieb bricht nachts in ein Haus ein. Als er gerade durch das stockfinstere Wohnzimmer schleicht, schlägt er sich den Kopf am Kronleuchter an, daraufhin hört er eine Stimme: »Ich sehe dich und Jesus sieht dich auch!« Er erschrickt zu Tode, schaltet seine Taschenlampe ein und sieht auf einer Stange in der Ecke einen *Papagei* sitzen: »Ich sehe dich und Jesus sieht dich auch!« Meint der Einbrecher erleichtert: »Hast du mich aber erschreckt. Wie heißt du denn?« – »Elfried!« – »Elfried ist doch wohl wirklich ein selten blöder Name für einen Papagei!« Grinst der Vogel: »Na und, Jesus ist auch ein selten blöder Name für einen *Rottweiler*.«

Im Zoo ist der letzte *Gorilla* gestorben. Ein Sportstudent übernimmt gegen gute Bezahlung die Rolle – immer noch billiger als der Ankauf eines Gorillas. Er brüllt, klettert, hängt sich an ein Seil und schwingt und schwingt – und rutscht ab und landet im Löwenkäfig. »Hilfe, Hilfe!«, schreit der Student. Da flüstert ihm ein *Löwe* zu: »Sei bloß ruhig, sonst sind wir beide unseren Job los!«

Der Ehemann kommt nach Hause: »Du, Schatz«, sagt er, »ich muss nachher noch mal weg. Ich gehe zum Angeln!« – »Ich weiß«, antwortet die Ehefrau, »die *Forelle* hat bereits dreimal angerufen.«

Treffen sich zwei *Yetis*. Sagt der eine: »Du, ich hab gestern den Reinhold *Messner* gesehen.« Staunt der andere: »Was, den gibt's wirklich?«

Wolfgang und Silvia aus der 2b unterhalten sich über die Berufe ihrer Eltern. Silvia erzählt ganz stolz: »Also mein Papa, der ist Star-Fotograf!« – »Boah«, platzt Wolfgang heraus, »ist das nicht tierisch langweilig, jeden Tag dieselben *Vögel* zu fotografieren?«

Karl ist bei den Eltern seiner Freundin zum Essen eingeladen. Es gibt Bohneneintopf. Nach dem zweiten Teller bekommt er plötzlich *Blähungen*. Leise lässt er einen Furz ab. Die Mutter ruft laut: »Hasso!« Karl ist erleichtert – sie glaubt also, dass der *Hund* unter dem Tisch dran schuld ist. Er lässt deshalb gleich noch einen fahren, diesmal etwas lauter. Wieder ruft die Mutter: »Hasso!« Jetzt lässt Karl völlig entspannt richtig einen ab. Die Mutter ruft total entsetzt: »Hasso! Komm endlich unter dem Tisch vor – sonst macht dir dieser Typ noch auf den Kopf.«

»Rate mal, was das ist!«, sagt Philipp zu seiner großen *Schwester*. »Es ist zwei Zentimeter groß, hat einen abgeflachten Körper und Klammerbeine mit Endklauen!« – »Keine Ahnung. Sag schon!« – »Ich weiß es auch nicht, aber es krabbelt auf deinem Nacken!«

Kommt ein *Fuchs* um 6.00 Uhr morgens in den Hühnerstall und ruft: »Raus aus den Federn!«

Tiere

Fährt ein Opa mit der U-Bahn und stiert die ganze Zeit einen Punker mit einer roten Kammfrisur an. Plötzlich reicht es dem Punker und er schreit den Opa an: »Hey Alter, hast du in deiner Jugend nie eine Sünde begangen?« Sagt der Opa: »Ja natürlich! Ich habe in meiner Jugend im Rausch ein *Huhn* vergewaltigt. Jetzt überlege ich die ganze Zeit, ob du mein Sohn sein könntest!«

Der Großwildjäger geht mit seinem *Hund* auf Safari. Mittags legt sich der Hund unter einen Baum, um sich auszuruhen. Plötzlich kommt ein hungrig aussehender *Löwe* auf ihn zu. Der Hund bekommt Angst und überlegt, wie er aus dieser brenzligen Situation rauskommen könnte. Er schleicht ein Stück weiter und legt sich vor einem Knochenhaufen auf den Boden. Als der Löwe nah genug ist, sagt er laut: »Das war aber ein leckerer Löwe. Ich wünschte, es wäre noch einer da.« Der Löwe bekommt Angst und nimmt Reißaus.
Ein *Affe*, der alles von einem Baum aus beobachtet hat, überlegt, wie er das Ganze zu seinem Vorteil ausnützen könnte, um den Löwen zum Freund zu gewinnen. Er läuft zu dem Löwen und klärt ihn über alles auf. Da sagt der Löwe: »Komm her, Affe, spring auf meinen Rücken und wir holen uns den verdammten Hund!«
Der Hund sieht das seltsame Gespann schon von Weitem und durchschaut, dass der Affe ein Verräter ist. Er denkt kurz nach und als die beiden nah genug sind, meint er: »Wo bleibt denn nur dieser verlauste Affe?

Vor einer Viertelstunde hab ich ihn losgeschickt, um einen neuen Löwen zu besorgen, und er ist immer noch nicht zurück!«

Fragt der Lehrer: »Wer von euch kann mir sechs Tiere nennen, die in Australien leben?« Meldet sich *Fritzchen*: »Ein *Koala* und fünf *Kängurus*.«

Zwei Nachbarn treffen sich auf der Straße. Der eine: »Ihre *Katze* hat meinen *Rottweiler* getötet.« Der andere: »Was? Meine herzallerliebste, kleine Minka? Unmöglich!« – »Doch! Mein Hund ist an ihr erstickt.«

Was ist schlimmer als ein *Elefant* im Porzellanladen? Ein *Igel* in der Kondomfabrik!

Beschimpfen sich zwei Damen. Sagt die eine: »Sie Parvenü, Sie!« Meint die andere: »Ha, jetzt haben Sie sich aber blamiert, denn der *Affe*, den Sie meinen, der heißt Parmesan und was Sie gesagt haben, ist französisch und heißt Regenschirm!«

Ein Scheich reitet auf seinem *Kamel* tagelang durch die Wüste. Schließlich bekommt er solche Lust auf Küsse und Umarmungen, dass er absteigt und beschließt, das Kamel zu küssen. Da es zu groß ist, errichtet er einen großen festen Sandhaufen und gerade, als er hinaufsteigen möchte, entfernt sich das Kamel ein paar Schritte. Enttäuscht steigt der Scheich wieder auf das Kamel und reitet weiter. Nach einigen

Stunden hat er wieder solche Sehnsucht, dass er abermals absteigt, wieder einen Sandhaufen errichtet, doch auch jetzt entfernt sich das Kamel im letzten Moment ein paar Schritte. Nach einer weiteren Stunde sieht er plötzlich eine wunderschöne, halbnackte Frau erschöpft in der Wüste liegen. Er gibt ihr Wasser, sodass sie langsam zu Kräften kommt. Sie sagt: »Du hast mir das Leben gerettet, ich bin dir ewig dankbar. Sag, was du willst, ich erfülle dir jeden Wunsch.« Darauf der Scheich: »Ja, könntest du bitte das Kamel festhalten?«

»Oje«, stöhnt ein Mann, »meine Frau will im Fasching als *Schwan* gehen, was das wieder kostet, all die Seide!« Meint sein Freund: »Das geht doch billiger, sie soll sich Watte in die Ohren stecken und als ›Taube‹ gehen!«

Steward zum Schiffskapitän: »Herr Kapitän, wir haben einen blinden Passagier an Bord, was sollen wir mit ihm machen?« – »Werfen Sie ihn sofort über Bord!« Etwa zehn Minuten später: »Und was machen wir jetzt mit dem *Hund*?«

Ein Mann geht in Las Vegas in ein Casino und sieht, wie ein *Hund* mit seinem Herrchen pokert. Der Mann geht hin und sagt: »Wahnsinn, ihr Hund ist ja hochintelligent.« Darauf der Besitzer: »Intelligent? Dass ich nicht lache, der ist strohdumm!« – »Wieso denn das? Das ist der erste Hund, den ich beim Pokern sehe.« Darauf der Besitzer: »Ja, aber jedes Mal, wenn er gute Karten hat, wedelt er mit dem Schwanz!«

Ein *Känguru* hoppelt durch die Steppe. Da schaut ein kleiner *Pinguin* aus dem Beutel wischt sich den Schweiß ab und sagt: »Blöder Schüleraustausch!«

Ein Spaziergänger erblickt einen *Angler*, bleibt stehen und schaut ihm minutenlang zu. Kopfschüttelnd meint er schließlich: »Also, nichts ist langweiliger als Angeln!« Darauf der Angler: »Doch, das Zuschauen!«

Ein Pfarrer auf Urlaub in Afrika sieht sich plötzlich von einem Rudel *Löwen* umzingelt. Jede Flucht ist ausgeschlossen. Da fällt er auf die Knie, schließt die Augen und betet: »Oh Herr, verschone mich und gib mir ein Zeichen deiner Gnade! Befiehl diesen Löwen, sich wie echte Christen zu verhalten!« Als er wieder aufblickt, sitzen die Löwen im Kreis um ihn herum, haben die Pfoten gefaltet und beten: »Komm, Herr Jesus, sei unser Gast und segne, was du uns bescheret hast.«

Zwei Freunde sind in Afrika mit dem Zelt unterwegs. Eines Morgens wacht einer auf, ist der andere Schlafsack leer. Er schaut vor das Zelt und sieht, wie sein Freund um das Zelt herumläuft und von einem *Löwen* verfolgt wird. Er ruft: »Komm, ich helfe dir!« Doch der Freund meint: »Mach dir keine Sorgen, ich habe bereits drei Runden Vorsprung!«

Was ist der Unterschied zwischen einem *Marienkäfer* und dem Fußballclub XX am Ende der Meisterschaft? Der Marienkäfer hat mehr Punkte.

Weißt du, was der Mechaniker über meinen Wagen gesagt hat?
Wenn mein Auto ein *Pferd* wäre, müsste er es erschießen!

Was ist ein Reitersmann ohne *Pferd*?
Ein Sattelschlepper.

Am Abend ruft die *Holzwurm*mutter ihren Kleinen zu: »Husch, husch ins Brettchen!«

Ein *Hasen*baby fragt seine Mutter: »Wie werden eigentlich Menschenbabys geboren?« Erklärt die Hasenmutter: »Der Storch hat sie gebracht.« – »Und wie wurden wir geboren?« – »Der Zauberer hat uns aus dem Hut gezogen!«

Dem Holzarbeiter begegnet im Wald eine hässliche, bucklige alte Frau mit einer *Krähe* auf der Schulter. »Sieh mal an, ein schöner Mann! Hehehe – wenn du mir sagen kannst, welches Tier auf meiner Schulter sitzt, darfst du eine Nacht mit mir in meinem Bettchen verbringen!«
Der Arbeiter schaut ganz entsetzt, dann beginnt er zu grinsen und sagt: »Ein *Mammut*!« Darauf die Alte: »Nun ja! – Das kann ich gerade noch gelten lassen!«

»Herr Doktor, ich halte es nicht mehr aus, meine Frau hat 23 *Katzen*, der Gestank in der Wohnung ist unerträglich!« Der Arzt: »Na, dann machen Sie doch einfach die Fenster auf!« – »Was?«, entgegnet der Mann entrüstet. »Die Fenster aufmachen, dass meine 48 weißen *Tauben* rausfliegen?«

Wie ist der *Thunfisch* zu seinem Namen gekommen: Als Jesus über das Wasser ging, hat ihn ein Fisch in die große Zehe gebissen. Daraufhin hat er gesagt: »Das sollst du nicht tun, Fisch!«

Ein Gast betritt eine Tiroler Hotelpension, ein kleiner *Hund* springt bellend um ihn herum. Der Gast fragt den alten Portier: »Beißt Ihr Hund?« – »Na, der beißt net«, antwortet der Tiroler. Der Gast bückt sich zum kleinen Hund, um ihn zu streicheln. Sofort verbeißt sich der Hund in die Hand des Gastes. »Aber Sie haben doch gesagt, Ihr Hund beißt nicht!?« – »Des is ja a net mei Hund.«

Kommt *Häschen* in die Apotheke. »Haddu Fliegenpilz?« – »Nein, ich habe keinen Fliegenpilz.«
Am nächsten Tag kommt Häschen wieder in die Apotheke: »Haddu Fliegenpilz?« – »Nein, ich habe keinen Fliegenpilz.« Der Apotheker ist schon etwas genervt und besorgt einen.
Das Häschen kommt wieder in die Apotheke: »Haddu Fliegenpilz?« – »Ja, heute habe ich Fliegenpilz.« – »Muddu wegschmeißen, ist giftig!«

Zwei Zwetschken sitzen am Baum. Sagt die eine Zwetschke zur anderen: »Ach, heute ist ein langweiliger Tag!« Sagt die andere Zwetschke: »Kann ich nicht behaupten, ich habe gerade einen *Wurm* drinnen!«

Eine Frau geht in eine Tierhandlung und möchte einen besonderen *Papagei*. Zoohändler: »Dann nehmen Sie den hier, der mit den zwei Schnüren, die an seinen Beinen hängen.«
Frau: »Was passiert, wenn man da dran zieht?« Zoohändler: »Probieren Sie es doch aus.« Die Frau zieht an einer Schnur, der Papagei hebt das Bein und sagt: »Guten Tag. Guten Tag.« Die Frau ist begeistert und zieht an der anderen Schnur, und der Papagei hebt wieder das Bein und sagt: »Guten Abend. Guten Abend.«
Die Frau ist fasziniert und überlegt laut: »Was passiert, wenn ich an beiden gleichzeitig ziehe?« Darauf der Papagei: »Dann fall ich auf den Schnabel, du dumme Pute!!«

Stehen ein *Schaf* und ein Rasenmäher auf einer Wiese. Sagt das Schaf: »Määääähhhh!« Antwortet der Rasenmäher: »Du hast mir gar nichts zu befehlen!«

Warum wurde Stefan Effenberg vom Tierschutzverein angezeigt?
Weil er 90 Minuten lang auf dem gleichen *Regenwurm* stand.

In der Nacht rennt versehentlich ein junger *Igel* gegen einen Kaktus. Der Igel fragt leise: »Mami, bist du das?«

Drei *Schildkröten* sind unterwegs zu einer Quelle. Sie haben nämlich großen Durst. Sie laufen ein Jahr, zwei Jahre, drei Jahre und endlich kommen sie an. Gierig wollen sich die ersten beiden Schildkröten auf das Wasser stürzen, da merkt doch die dritte, dass sie ihre Trinkbecher vergessen haben.
»Ach, das ist doch egal!«, sagt die erste Schildkröte. »Ich habe so einen Durst!«, klagt die zweite Schildkröte. »Nein, nein«, sagt die dritte Schildkröte, »also ohne Trinkbecher, das geht doch nicht! Wo bleiben denn da die Manieren! Passt auf, ihr wartet hier und ich gehe zurück und hole unsere Trinkbecher!«
Die anderen müssen sich wohl oder übel darauf einlassen, setzen sich auf einen Stein und warten. Sie warten ein Jahr, zwei Jahre, drei Jahre. Da hält es die eine Schildkröte nicht mehr aus und sagt zur anderen: »Also mir ist jetzt alles egal, ich muss jetzt etwas trinken!« Sie geht zur Quelle und gerade als sie einen Schluck nehmen will, kommt die dritte Schildkröte aus einem Busch und sagt: »Also wenn ihr schummelt, gehe ich gar nicht erst los.«

Zwei *Ziegen* sind in eine Buchhandlung gelaufen, eine frisst sofort ein Buch. Fragt die andere: »Und wie war das Buch?« – »Der Film gestern war besser!«

Eine *Ziege* und eine *Schnecke* wollen eine Gehaltserhöhung beantragen. Als die Ziege zum Büro des Personalchefs kommt, ist die Schnecke bereits fertig. »Und hast du die Gehaltserhöhung bekommen?«, fragt die Ziege. – »Ja, schleimen muss man können, nicht meckern!«

Ein Mann möchte sich einen *Papagei* zulegen und besucht daher ein Zoofachgeschäft mit reichhaltiger Auswahl. Kunde: »Haben Sie *Papageien*, die bereits sprechen können!?« Verkäufer: »Klar – der grüne hier vorne – der kann perfekt deutsch. Kostet allerdings auch 1.500 Euro!« Kunde: »Aha, und was ist mit dem da?« Verkäufer: »Der rote kann deutsch und englisch und auch noch in die jeweils andere Sprache übersetzen und kostet 1.900 Euro.« Kunde: »Wow, großartig – und der?« Verkäufer: »Der kann zusätzlich noch Latein. Habe schon einige Anfragen von Gymnasiasten und kostet daher 2.300 Euro.« Kunde: »Unglaublich – und der da, was kostet der?« Verkäufer: »Der kostet 4.000 Euro!« Kunde: »Und was kann der?« Verkäufer: »Keine Ahnung. Nichts?« Kunde: »Aber warum kostet der so viel?« Verkäufer: »Die anderen Papageien sagen ›Chef‹ zu ihm!«

Im Zoo, um 1900. Ein junger Mann rennt auf einen Polizisten zu und gesteht in schlechtem Deutsch: »Ich haben ein Stein in *Löwen*käfig gewerfen!« – »Wurde das Tier dabei verletzt?«, erkundigt sich der Polizist. Ein zweiter und dritter Mann kommen auf den Polizisten zu, und gestehen das Gleiche. »Wurde das Tier verletzt?«, will der Polizist wieder wissen. Etwas später kommt ein Mann mit total zerfetzter Kleidung jammernd auf allen Vieren zu dem Polizisten gekrochen. »Ihr Name?« – »Einstein!«

Agenten des deutschen MAD, des israelischen Mossad und der amerikanischen CIA sind in einem Trainingscamp in der Eifel. Die erste Aufgabe: ein *Wildschwein* erlegen! Die Israelis sind nach anderthalb Stunden zurück. Blattschuss! Zwei Stunden danach treffen die Amerikaner ein. Das Tier ist total durchlöchert. Die MAD Gruppe folgt am späten Abend. Zwei Mann schleppen ein Reh hinter sich her, ein dritter prügelt das Tier mit einem Knüppel und schreit: »Gib endlich zu, dass du eine Wildsau bist!«

Schon seit einiger Zeit schmeckt Herrn Reisner das Bier in seiner Stammkneipe nicht mehr. Eines Tages nimmt er eine Probe aus einem Glas und schickt sie ins Labor der städtischen Klinik. Nach sechs Wochen kommt das Ergebnis per Post bei ihm an: »Sehr geehrter Herr Reisner, wir haben die von Ihnen eingeschickte Probe untersucht und müssen Ihnen leider mitteilen, dass Ihr *Pferd* zuckerkrank ist!«

Kommt ein Mann mit einem *Frosch* am Kopf zum Psychiater. Fragt der Arzt: »Ja, wo haben Sie denn den her?« – »Ich weiß auch nicht, den muss ich mir irgendwo eingetreten haben!«, sagt der Frosch.

Ein kleines *Häschen* hüpft durch den Wald. Es trifft einen *Wolfshund*, und weil es sehr neugierig ist, fragt es: »Was bist du für ein Tier?« Darauf antwortet der: »Ich bin ein Wolfshund.« Häschen: »Na, was jetzt, Wolf oder Hund?« – »Meine Mama war ein Hund und mein Papa war ein Wolf.« – »Aha«, sagt das Häschen und hüpft weiter. Es trifft ein *Muli* und wieder fragt es, was für ein Tier es sei. Das antwortet: »Ich bin ein Muli, meine Mama war ein Pferd und mein Papa ein Esel.« Verwundert hoppelt das Häschen weiter. Etwas später trifft es einen *Ameisenbär*. Und weil der so komisch aussieht, fragt es wieder: »Was für ein Tier bist denn du?« Der Ameisenbär antwortet: »Ich bin ein Ameisenbär!« Das Häschen unterbricht ihn: »Nein, nein, du, das kannst du mir jetzt aber nicht erzählen!«

Fuchs, *Hase* und *Bär* wollen nicht zur Bundeswehr und grübeln, wie sie das am besten verhindern können. Da sagt der Hase zum Fuchs: »Du, ein Fuchs ohne Schwanz ist kein richtiger Fuchs, stimmt's?« Und schon greift er zur Schere und schneidet ihm den Schwanz ab. Nach einer halben Stunde kommt der Fuchs freudestrahlend von der Musterung zurück: »Ich muss nicht dazu, ich muss nicht dazu!« – »Für dich habe ich auch was!«, sagt der Bär zum Hasen, »Ein Hase ohne Ohren ist kein richtiger Hase!« Und – schnipp, schnapp – hat er ihm die Ohren abgeschnitten. Auch der Hase wird natürlich ausgemustert. Aber was soll man mit dem Bären tun? Da hat der

Fuchs die rettende Idee: »Ein Bär ohne Zähne ist kein richtiger Bär!« Holt aus und schlägt dem Bären das Gebiss ein. Als der Bär von der Musterung kommt, weint er bittere Tränen. »Was ist los?«, fragen die beiden anderen, »musst du etwa einrücken?« – »Nein«, schluchzt der Bär, »fu groff un fu fwer!«

In David Copperfields Zaubershow sitzen zwei *Kaninchen* im Publikum.
Beide verfolgen gespannt, wie David ein Kaninchen nach dem anderen aus dem Zylinder zaubert.
Nach einer Weile jedoch meint das eine Kaninchen zum anderen: »Alles schön und gut, aber irgendwie gefällt mir unsere Variante doch besser.«

Eine *Maus* und ein *Elefant* gehen an einen See schwimmen. Während der Elefant schon im Wasser ist, bleibt die Maus am Ufer. Dann ruft sie dem Elefanten zu: »Du, komm doch mal kurz raus!« Der Elefant: »Nein, jetzt nicht, es ist gerade sooo angenehm!« Nach kurzer Zeit sagt die Maus wieder: »Du, komm doch mal kurz raus!« Der Elefant geht ans Ufer und fragt: »Na gut, was ist denn los?« Die Maus: »Schon in Ordnung, ich finde meine Badehose nicht und wollte nur mal schauen, ob du sie anhast!«

Eine alte *Motte* wollte einer kleinen Motte fliegen beibringen. Die sind aus einem Wollmantel rausgekrochen und haben eine Runde im Zimmer gedreht. Nach der gelungenen Landung fragt die alte: »Na und wie war es?« – »Ich nehme an sehr gut«, sagt die kleine zufrieden, »uns wurde doch Riesenbeifall geklatscht.«

Trifft der *Osterhase* einen Schneemann und sagt: »Möhre her – oder ich föhn dich!«

»Huiiii«, sagt die *Schnecke* auf dem Rücken der *Schildkröte*!

Was ist ein *Bär*, der auf einer Kugel sitzt und schreit? Na, ein Kugelschreibär!

»Raucht Ihr *Pferd*?« – »Nein, wieso?« – »Dann brennt Ihr Stall ...«

Behauptung eines Mathematikers: Eine *Katze* hat prinzipiell neun Schwänze.
Beweis: Keine Katze hat acht Schwänze. Eine Katze hat einen Schwanz mehr als keine Katze. Deshalb hat eine Katze neun Schwänze.

Wie man *Gänse* aussucht:
Marktfrau: »Leider habe ich nur noch sechs Gänse zur Auswahl hier, alle gleich teuer.« Alter Professor: »Das macht nichts. Suchen sie mir die drei dünnsten und ältesten aus. Sind für meine Studenten, die haben mich ohnedies immer geärgert.« Die Marktfrau unterdrückt ein Schmunzeln und kommt dem Wunsch des Kunden nach: »Darf ich die Gänse gleich

einpacken?« Professor: »Nein, danke. Ich nehme
doch die anderen drei!«

Ein Mann kommt an einem Brunnen vorbei, schaut
ihn sich an und überlegt, wie tief er wohl ist. Also
hebt er einen kleinen Stein auf und wirft ihn hinein
und lauscht, hört aber den Aufprall nicht. Also überlegt er: »Ich werde wohl einen größeren Stein brauchen!«
Gesagt getan, er findet ein Riesenstück von Stein,
wuchtet ihn mit aller Kraft hoch und wirft ihn in den
Brunnen. Und während er noch auf den Aufprall
horcht, sieht er auf einmal eine *Ziege*, die in einem
Affenzahn auf ihn zurennt und in den Brunnen
springt. Er denkt sich: ›Mensch, ist das hier ein seltsames Land, wo bin ich denn hier gelandet?‹
Nach einer Weile kommt ein zweiter Mann hinzu
und fragt: »Hast du meine Ziege gesehen?« – »Ich
weiß ja nicht, ob es deine war, das war ein seltsames
Viech, die ist doch echt in vollem Galopp in den
Brunnen gesprungen!« – »Nein, meine kann das
nicht gewesen sein, die hab ich an einem Stein fest-
gebunden!«

Musik

Gerade bei den Witzen im folgenden kleinen Kapitel gilt, dass sie besonders von Musikern als lustig empfunden werden, wohingegen ein unmusikalischer Mensch vielleicht gar nicht darüber lacht!

Die Party dauerte schon mehrere Stunden, da fragt die erschöpfte Hausfrau ihren Mann: »Liebling, möchtest du uns nicht etwas *vorsingen*?« – »Jetzt? Die Gäste gehen doch bald.« – »Ja, aber nicht bald genug!«

Ein Ehepaar, welches sich ständig streitet, sitzt im Restaurant. Ein Kellner lässt ein Tablett fallen, worauf es kracht und scheppert. »Hör mal Schatz!«, sagt der Mann. »Die spielen unser *Lied*.«

Nach der Pause im *Konzertsaal*: »Verzeihung, meine Dame, bin ich Ihnen vorhin auf den Fuß getreten?« – »Ja, allerdings.« – »Komm, Ingeborg, ich habe unsere Reihe wiedergefunden!«

Abends läutet es bei Familie Miezing; draußen steht ein Mann mit einer Axt: »Grüß Gott, ich möchte das *Klavier* stimmen, auf dem Ihre kleine Tochter soeben geübt hat!«

Ein *Musikstudent* will ein Zimmer mieten. Die Vermieterin weist ihn ab: »Musikstudent?! Kommt gar nicht infrage! Ich hatte schon einmal einen Musikstudenten. Der kam zuerst sehr beethoevlich, dann wurde er bei meiner Tochter mozaertlich, brachte ihr einen Strauß mit, nahm sie beim Händel und führte sie mit Liszt über den Bach in die Haydn. Da wurde er reger und sagte: Frisch gewagnert ist halb gewonnen. Er konnte sich nicht brahmsen.
Und jetzt haben wir einen kleinen Mendelssohn und wissen nicht wo Hindemith.«

»Ich werde etwas von Wagner spielen«, sagte die Dame und setzte sich ans *Klavier*. »Ich habe gehört, Sie lieben diese Musik.« – »Gewiss, Gnädigste«, antwortete George Bernhard Shaw. »Spielen Sie trotzdem!«

Ein *Musikkritiker* wurde nach seiner Meinung über Richard Strauss befragt. Seine Antwort: »Wenn schon Richard, dann bitte Wagner; und wenn schon Strauss, dann Johann!«

Die 15-jährige Tochter spielt den Gästen auf dem *Klavier* vor. »Toll, was Ihre Tochter für Fortschritte gemacht hat«, stellt die Besucherin höflich fest. »Ja«, nickt die Mutter stolz. »Und seit sie neben den Klavierstunden auch noch Schreibmaschinen-Unterricht nimmt, schafft sie bei Chopin 180 Anschläge pro Minute!«

Max Reger schrieb einmal an einen *Kritiker*, der eines seiner Konzerte besonders abfällig beschrieben hatte: »Sehr geehrter Herr! Während ich dieses schreibe, sitze ich im kleinsten Zimmer meines Hauses. Ihre Kritik habe ich vor mir. Gleich werde ich sie hinter mir haben.«

Herr und Frau Neureich sind zu einem *Hauskonzert* eingeladen. Der Hausherr fragt Frau Neureich: »Hören Sie auch gerne Hindemith?« Frau Neureich: »Ach nein, wissen Sie, ich sitz doch lieber vorne!«

Liederabend einer ungarischen *Sängerin* in Wien. Auf dem Programm stehen hauptsächlich schwermütige, sehnsuchtsvolle ungarische Weisen, die die Sängerin zwar mit viel Gefühl, jedoch oft mit schmerzlich falschen Tönen vorträgt.
In der ersten Reihe sitzt ein Herr und weint wie ein Schlosshund. Die Tränen kullern ihm nur so die Wangen herab. Die Künstlerin ist sehr beeindruckt davon, nähert sich ihm in der Pause und drückt ihm mitfühlend die Hand: »Sie sain gewiss ein Ungor, main Härr!« Der Herr schüttelt bekümmert den Kopf: »Nein, Musiker!«

»Kennen Sie *Mozart*?« – »Flüchtig! Vorigen Montag hab ich ihn im Gasthof Hirsch getroffen.« – »Geh, bitte, das ist doch gar nicht möglich!« – »Wieso denn nicht?« – »Montags hat der Gasthof Hirsch geschlossen!«

»Frau Schmitt, wir gehen am Samstagabend zu *Figaros Hochzeit*. Wollen Sie auch mitkommen?« – »Nein, nein, wir haben schon was vor. Diesmal schicken wir nur ein Glückwunschtelegramm.«

»Also diese *Akustik* hier ist wirklich nicht gut!«, flüstert ein Konzertbesucher zwischen zwei Sätzen seinem Nachbarn zu. Der rümpft die Nase und antwortet leise: »Jetzt, wo Sie es sagen, rieche ich es auch.«

Siegi und Michael treffen sich wie üblich am Montagabend, um über ihre Schandtaten vom letzten Wochenende zu plaudern. Meint Siegi: »Ich war am Wochenende auf einer Party, die war große Klasse, die Gastgeber hatten sogar ein goldenes Klo!« Daraufhin Michael: »Du hast eine Meise, ein goldenes Klo.«
Nach einigem Hin und Her kommen beide auf die Idee, die Gastgeber dieser Party nochmals zu besuchen und nachzusehen, ob das mit dem goldenen Klo auch stimmt. Gesagt getan, die beiden marschieren los und einige Minuten später klingeln sie an der Tür.
Eine etwas ältere Frau öffnet die Tür und blickt die beiden fragend an: »Kann ich helfen?« Siegi: »Ja, gnädige Frau, ich war am Wochenende bei Ihnen hier auf Ihrer Party, und mein Freund Michael hier, will mir nicht glauben, dass Sie hier im Haus ein goldenes Klo haben.« Die Frau schaut die beiden an, dreht sich in den Hausflur und ruft ganz laut: »Peter, hier ist der Mann, der in deine *Posaune* uriniert hat!«

Zu Beginn des *Konzertabends* während des Einspielens erklärt ein junger Mann aus gutem Hause seiner unerfahrenen Begleiterin: »Sie stimmen schon!« Meint sie: »Woher weißt du, wie viele es sind?«

Bei modernen *Konzerten* ist immer sehr schwer festzustellen, wann das Stimmen beendet ist und die Aufführung beginnt.

Warum sitzen im Konzert die *Glatzköpfe* immer in der ersten Reihe?
Damit die *Einarmigen* in der zweiten Reihe auch was zu klatschen haben!

Entstehung des *Dirigenten*berufes: In der Steinzeit wurde ein Stück Holz gebogen und mit lianenähnlichen Strickstücken gespannt. Wer es nicht schaffte, darauf schön zu zupfen, bekam einen hohlen kleinen Ast und musste in diesen hineinblasen. Wer auch dafür nicht geeignet war, musste sich vor einen Stein setzen und mit zwei kleinen Stöcken daraufschlagen. Wer auch dies nicht zusammenbrachte, dem nahm man einen Stab weg und der musste sich vor die anderen stellen und mit dem verbliebenen Stock herumwinken.

Warum gibt es *Bass*-Soli?
Damit die Leute endlich in Ruhe bestellen können.

Was heißt ›*Schlagzeuger*‹ auf Chinesisch?
No Tai Ming.

Aus dem Lokalteil einer Zeitung: »Gestern Abend verunglückte ein Kleintransporter mit fünf Insassen: Die vier Musiker und der *Schlagzeuger* kamen mit dem Schrecken davon.«

Schlagzeuger bei der Aufnahmeprüfung einer Musikakademie, Gehörbildung. Der Professor spielt ihm zunächst zwei aufeinanderfolgende Töne vor, erst C, dann E. »Wie nennt man das?«, fragt der Professor. »Hmm – kann ich das noch einmal hören?« Wiederum erklingt das C, dann das E. »Hmm – Moment, gleich hab ich's! Oder doch noch ein drittes Mal bitte!« Und wieder: C – E. »Ah ich hab's: Das ist ein Klavier!«

Das Landestheater hat einen neuen Heldentenor. Obwohl er keineswegs schön singt, jubelt ihm das Publikum dennoch nach jeder Arie frenetisch zu und fordert eine Zugabe nach der anderen. Der *Tenor* ist schon völlig heiser und krächzt nur noch, aber das Publikum jubelt weiter. Da fragt ein Fremder seinen unermüdlich applaudierenden Nachbarn: »Finden Sie den Mann wirklich so gut?« – »Nein, überhaupt nicht. Aber heute machen wir ihn fertig!«

Ein Ehepaar geht zur Eheberatung, weil es nicht mehr miteinander kommunizieren kann. Aber der Berater schafft es nicht, beide dazu zu bewegen, miteinander zu reden. Schließlich, nach mehreren Beratungsabenden, steht der Berater auf, geht in den Nebenraum, holt einen *Bass* und beginnt zu jazzen. Die Kommunikationsbarriere der beiden beginnt zu schwinden und sie beginnen schließlich, ihre Probleme zu diskutieren, und das, was sie immer aneinander gestört hatte, was sie aber nie geschafft hatten, sich gegenseitig zu sagen. Am Ende waren beide wieder glücklich Arm in Arm wie in alten Zeiten. Beim Bezahlen fragten sie dann: »Wie haben Sie das geschafft? Was war das für ein tolles Stück?« Antwort: »Das Stück ist egal, jeder redet während des Bass-Solos.«

Wie bringt man schöne Töne aus einer *Trompete*? Man verkauft sie und kauft dafür ein Horn.

Alle spielen *Kontrabass*, nur nicht Reiner, der ist kleiner.

Was ist der Unterschied zwischen einer *Geige* und einem *Cello*? Das Cello brennt länger.

Es klingelt an der Tür. »Guten Tag, ich bin der *Klavierstimmer*.« – »Aber ich habe sie ja gar nicht bestellt!« – »Sie nicht, aber Ihre Nachbarn!«

»Warum spielst du denn jetzt *Klavier* und nicht mehr *Geige*?« – »Versuche einmal, ein Bier auf eine Geige zu stellen!«

Kürzeste Zeitungskritik: Claudia M. gab im Wiener Musikvereinssaal ein Konzert am *Klavier*. Warum?

Geht ein *Blechbläser* an einer Kneipe vorbei!

Der Ehemann der *Sängerin* zu seinem Freund: »Während meine Gattin zu Hause singen übt, gehe ich immer vor dem Haus auf und ab!« – »Ja, warum denn?« – »Damit die Nachbarn nicht glauben, dass ich sie schlage!«

Wie viele intelligente *Tenöre* passen in eine Telefonzelle? Alle!

Nachdem die *Sopranistin* vorgesungen hat, sagt der Dirigent: »Sehr schön, das gefällt mir, das interessiert mich. Ich möchte Sie gerne irgendwann für ein Konzert engagieren, Sie werden von mir hören!« Die Sopranistin überglücklich: »Das ist ja wunderbar, ich freue mich so sehr! Aber etwas möchte ich Sie noch fragen, was sagen Sie einer Sängerin, die Ihnen nicht gefällt?« Der Dirigent: »Das Gleiche!«

»Meine Frau spielt ständig die beleidigte Leberwurst.« »Hast du's gut. Meine spielt *Saxophon*!«

Wie klingt eine *Klarinette* am schönsten? Leise knisternd im Kamin.

Wozu ist eine brennende *Oboe* am besten zu gebrauchen? Um ein *Fagott* in Brand zu setzen.

Was ist langweiliger als eine *Flöte*? Zwei Flöten.

Sport

Es ist nicht erstaunlich, dass die meisten Sportler-witze über Fußballer erfunden worden sind. Ich habe hier versucht auch andere Gebiete abzude-cken, mich aber geweigert, einen definitiv schlech-ten, faden Witz aufzunehmen!

Ein schwarz gekleideter Mann klopft an die Himmels-tür. Petrus öffnet und fragt: »Warst du jemals unge-recht?« – »Ich war *Fußballschiedsrichter*!«, meint der Mann. »Einmal bei einem Spiel Italien gegen England, habe ich Italien einen Elfmeter zugesprochen. Das war falsch.« – »Wie lange ist das her?« – »Etwa 30 Sekunden!«

Zwei *Bergsteiger* sind auf dem Weg nach oben. Als plötzlich einer ausrutscht und kopfüber in eine Glet-scherspalte stürzt. »Hast du dir wehgetan, Pauli?«, ruft ihm sein Freund nach. »Nein!« – »Wieso nicht?« – »Ich falle noch!«

Das Spiel ist aus, und der *Fußballstar* kommt nach Hause. Seine Ehefrau fragt ihn gleich: »Na, wie war das Spiel?« – »Super! Ich hab zwei Tore geschossen!« – »Glückwunsch! Und, wie ist das Spiel ausgegan-gen?« – »1:1«

Fragt ein Sportreporter den *Fußballer*: »Und was empfinden Sie, wenn Ihre Mannschaft gewinnt?« – »Kann ich Ihnen leider nicht sagen, ich bin erst zwei Jahre bei diesem Verein.«

»Haben Sie fünf Sekunden Zeit?«, fragt ein Zuschauer nach Spielschluss den *Schiedsrichter*. Dieser nickt zustimmend. »Dann erzählen Sie mir doch alles, was Sie über Fußball wissen.«

Der Fußballer fragt den *Schiedsrichter*: »Wie heißt denn Ihr Hund?« – »Ich habe keinen Hund!« – »Oh, das tut mir aber leid. Blind, und keinen Hund.«

Gott Vater und Gott Sohn spielen *Golf*; Jesus schlägt den Ball – der Ball fliegt weit – und fällt genau ins Loch! Dann schlägt Gott Vater den Ball, der Ball fliegt auch weit, aber weit daneben. Da kommt eine Maus und frisst den Ball, dann kommt eine Schlange und frisst die Maus, dann kommt ein Adler herangeflogen, ergreift die Schlange und fliegt mit ihr davon. Aus heiterem Himmel ein Blitz, der erschrickt den Adler, der Adler lässt die Schlange fallen, die Schlange spuckt die Maus aus, die Maus spuckt den Ball aus und der Ball fällt genau ins Loch. Da meint Jesus: »Was ist, spielen wir Golf oder blödeln wir?«

»Ach, ich liebe sportliche Frauen«, sagt der Scheich. »Erst kürzlich habe ich eine *Damen-Fußballmannschaft* geheiratet.«

Wir schreiben das Jahr 2666. Der Teufel besucht Petrus und fragt ihn, ob sie nicht mal ein Fußballspiel Himmel gegen Hölle machen könnten. Petrus hat dafür nur ein Lächeln übrig: »Glaubt ihr, dass ihr auch nur die geringste Chance habt? Sämtliche guten Fußballspieler sind im Himmel: Pele, Beckenbauer, Charlton, Di Stefano, Müller, Maradona …« Der Teufel lächelt zurück: »Macht nichts, wir haben alle *Schiedsrichter*!«

Fabian und Fabian im freien Fall. Schreit Fabian entsetzt auf: »Mensch, Fabian, mein *Fallschirm* will nicht aufgehen!« – »Meiner auch nicht«, schreit Fabian zurück, »nur keine Panik – ist ja bloß eine Übung!«

Deutschland spielt bei der *Europameisterschaft* gegen Holland. Völler und seine Spieler unterhalten sich vor dem Match in der Umkleidekabine: »Hört zu Jungs, ich weiß, die Holländer sind schlecht«, erklärt Völler. »Aber wir müssen gegen sie spielen, um die UEFA glücklich zu machen.«
»Hier ist mein Vorschlag«, sagt Oliver Kahn. »Ihr geht alle in eine Bar und ich spiele allein gegen sie. Was meint ihr dazu?« – »Klingt vernünftig!«, antworten der Teamchef und die anderen Spieler und gehen in eine Kneipe auf ein Bier und spielen ein paar Runden Billard.
Nach gut einer Stunde erinnert sich Michael Ballack, dass ja das Spiel läuft, und schaltet den Fernseher

an: Deutschland 1 (Kahn 10. Min.) – Holland 0, zeigt die Anzeigetafel. Zufrieden widmen sie sich wieder ihrem Billardspiel und dem Bier für eine weitere Stunde, bevor sie sich das Endresultat ansehen. Die Anzeigetafel zeigt: Deutschland 1 (Kahn 10. Min.) – Holland 1 (Davids 89. Min.)

»Verflixt!«, schreien alle Spieler und rennen entsetzt ins Stadion zurück, wo sie Oliver Kahn in der Kabine sitzen sehen, das Gesicht in den Händen vergraben. »Was zum Teufel ist passiert, Oli?«, schreit Rudi Völler. »Entschuldigt bitte, Freunde«, antwortet Kahn, »aber dieser verdammte Schiedsrichter hat mich in der 11. Minute vom Platz gestellt!«

Bei der Marine nehmen sie jetzt nur noch *Nichtschwimmer*! Die verteidigen die Schiffe länger!

Ein Sportler hat an seiner Tasche ein *Hufeisen* hängen. »Glauben Sie etwa daran?«, fragt ihn sein Gegner. »Nein, aber ich bin überzeugt, dass es auch Glück bringt, wenn man nicht daran glaubt!«

Ein Politiker soll die *Olympiade* eröffnen. Er nimmt seinen Zettel mit der Rede heraus und beginnt zu lesen: »Null, null, null, null …« Beugt sich sein Berater zu ihm und sagt: »Herr Kanzler, Sie haben gerade die Olympischen Ringe vorgelesen!«

Chuck Norris geht manchmal *Blut* spenden – nur nie sein eigenes.

»Sind Sie für den nächsten *Tanz* schon vergeben?« – »Oh nein, ich bin noch frei!«, strahlt sie. »Könnten Sie dann bitte mein Bierglas halten?«

Es regnet in Strömen. Der *Fußballplatz* ist total überschwemmt. Trotzdem soll das Spiel stattfinden. Vor dem Anpfiff fragt der Kapitän seine Mannschaft: »Sollen wir erst mit der Strömung spielen oder dagegen?«

Ein leidenschaftlicher Angler geht *Eisfischen*. Als er ein Loch in die Eisfläche geschlagen hat, ertönt eine Stimme: »Hier gibt es keine Fische!« Der Mann geht weiter, klopft ein neues Loch ins Eis. Wieder ist die Stimme zu hören: »Hier gibt es keine Fische!« Beim dritten Mal hebt der Mann die Angel zum Himmel und fragt: »Bist du es, o Herr?« Darauf die Stimme: »Nein, der Platzwart vom Eisstadion.«

Zwei ältere Damen sitzen am *Boxring*. Plötzlich geht einer der Boxer zu Boden. Sofort fängt der Ringrichter an zu zählen. Sagt die eine Oma: »Der steht nicht auf! Den kenn ich aus der Straßenbahn!«

In sieben Metern Tiefe bemerkt ein *Taucher* einen anderen, der ohne Ausrüstung unterwegs ist. Der Taucher geht tiefer, wenige Minuten später ist auch der andere da. Als der nach weiteren neun Metern wieder zur Stelle ist, nimmt der Taucher eine Tafel, schreibt mit wasserfester Kreide: »Wie schaffst du es so lange ohne Ausrüstung?« Der andere kritzelt mit letzter Kraft auf die Tafel: »Ich ertrinke, du Trottel!«

Was ist der Unterschied zwischen *Bungeejumping* und *Tennis*?
Beim Tennis hat man zwei Aufschläge.

»Gegen Ihr *Übergewicht* hilft leichte *Gymnastik*«, ermuntert der Arzt den Patienten. »Sie meinen Liegestütze und so?« – »Nein, es genügt ein Kopfschütteln, wenn man Ihnen etwas zu essen anbietet!«

Tiger Woods und Stevie Wonder treffen sich auf einem Gala-Dinner und sprechen über *Golf*:
Tiger: Wie kannst du blind Golf spielen?
Stevie: Das ist kein Problem. Mein Caddy stellt sich einfach in die Richtung und ruft mir zu. Dann geht er in Deckung!
Tiger: Und wie geht das mit Putten?
Stevie: Ganz genauso, er sagt einfach noch die Entfernung dazu.
Tiger: Das klingt ja interessant. Da sollten wir doch mal eine Runde spielen.
Stevie: Jederzeit gerne. Am liebsten ein Lochwettspiel um 10.000 Dollar je Loch.
Tiger: Wenn du dir das zutraust – gut! Wann hast du Zeit?
Stevie: Wie wär's mit morgen Nacht?

Die Lehrerin in Gelsenkirchen will sich in ihrer neuen Klasse beliebt machen und spricht am ersten Schultag über Fußball und dass sie *Schalke*-Fan sei. Als sie fragt, wer in der Klasse ebenfalls Schalke-Fan ist, melden sich alle Schüler. Nur ein kleines Mädchen meldet sich nicht. »Warum meldest du dich denn nicht?«, fragt die Lehrerin. »Weil ich kein Schalke-Fan bin«, sagt die Kleine. »So, und zu welchem Verein hältst du dann?« – »Ich bin BVB-Fan – und ich bin stolz darauf!«, antwortet das Mädchen. »*BVB*? Um Himmels willen, warum denn Borussia Dortmund?«, will die Lehrerin wissen. »Mein Papa kommt von dort und meine Mami auch. Und die sind beide BVB-Fans, also bin ich auch BVB-Fan!« – »Aber mein Kind« versucht die Lehrerin zu erklären, »man muss doch nicht alles seinen Eltern nachmachen. Stell dir vor, deine Mutter wäre Einbrecherin und dein Vater Rauschgifthändler oder Autoknacker – was dann?« – »Ja dann, dann wäre ich wohl auch Schalke-Fan!«

Warum steht die *türkische Nationalmannschaft* bei Spielende nie mit elf Mann auf dem Platz? Immer, wenn sie eine Ecke kriegen, wird ein Dönerstand aufgemacht!

»Aha, Sie Schlauberger, Sie wissen also alles über Fußball?« – »Ja, selbstverständlich!« – »Gut, dann sagen Sie mir doch bitte, wie viele Löcher ein *Tornetz* hat!« (Oder aus wie vielen Sechs- und Fünfecken ein

Fußball besteht! Richtige Antwort: 20 Sechsecke, 12 Fünfecke.)

Meine täglichen *Turnübungen* beginnen zu wirken. Ich kann zwar meine Zehen immer noch nicht berühren, aber ich beginne sie zu sehen!

Berti Vogts nach dem Viertelfinale: »Wir wollten ein Vorbild für alle Fans sein – wir schlagen niemanden mehr.«

»Da staune ich aber«, lächelte die Verkäuferin. »Sie sind der erste Kunde, der sich über einen nicht aufgegangenen *Fallschirm* beschwert!«

Kurz und gut

Die folgenden Witze sind ideal, um rasch in einem Telefonat oder in einer Runde, in der gerade die Gesprächsthemen ausgegangen sind, angebracht zu werden, um etwa ein peinliches Schweigen zu überspielen! Manche kann man einfach ohne Ankündigung von sich geben!

Er: »Ich will ja nur Ihr Bestes.« *Antwort* Sie: »Das kriegen Sie aber nicht!«

»Findest du nicht, dass mir die *Gurkenmaske* zu einem besseren Aussehen verholfen hat?« – »Gewiss, Schatz, ich frage mich nur, warum du sie wieder abgenommen hast.«

»He Kohn, du schaust mir ja in die *Karten*!« – »No, na, hasardieren werd' i!«

Der *Gast*: »Hallo Ober, zahlen!« Der *Ober*: »Hallo Gast, Buchstaben!«

»Baden ist hier verboten!«, sagt der *Polizist* einer jungen Frau. »Warum haben Sie das nicht gesagt, bevor ich mich ausgezogen habe?« – »Ausziehen ist nicht verboten.«

Professor zum *Studenten*: »Mit dem, was Sie nicht wissen, können noch zwei andere durchfallen!«

Beethoven war so taub, dass er sein ganzes Leben lang dachte, er malt.

»Ich hab mir ein neues *Hörgerät* gekauft. Jetzt höre ich alles!« – »Und was kostet das?« – »Das rostet überhaupt nicht!«

Treffen sich zwei *Hellseher*. Meint der erste: »Dir geht es gut und wie geht es mir?«

Ein Staubsaugervertreter verkauft Staubsauger. Ein Versicherungsvertreter verkauft Versicherungen. Ein *Volksvertreter* …

»Wegen deiner Bummelei haben wir jetzt den *Zug* verpasst!« – »Und wenn du nicht so gelaufen wärst, müssten wir jetzt nicht so lange auf den nächsten warten!«

Was ist besser, *Alzheimer* oder *Parkinson*? Alzheimer natürlich! Lieber vergessen, ein Bier zu zahlen als eins zu verschütten!

»Herr *Nachbar*, haben Sie denn gestern Abend gar nicht gehört, dass wir dauernd an Ihre Wand geklopft haben?« – »Ich bitte Sie, das macht doch nichts. Wir haben ohnedies gefeiert!«

»Ich weiß ja, dass es ein *Horrorfilm* ist. Aber, dass es schon beim Eintrittspreis anfängt.«

Alzheimer hat auch seine Vorteile: Man lernt jeden Tag neue Leute kennen!

Kind zur Mutter: »Darf ich einen *Keks* essen?« Mutter: »Wie heißt das?« Kind: »Darf ich einen Keks essen?« Mutter: »Wie heißt das?« Kind: »Darf ich bitte einen Keks essen?« Mutter: »Nein, wir essen gleich zu Mittag!«

»Das ist aber schön, dass du kommst«, heißt der kleine Jamie den Onkel *aufrichtig* willkommen. »Mama hat vorhin gesagt, du hättest uns gerade noch gefehlt.«

Ich bin den Anweisungen des Beamten nicht gefolgt, weil er so höflich war, dass ich dachte, er sei gar kein richtiger *Polizist*.

Mein Sohn kann heute nicht zum *Englisch*unterricht erscheinen – er ist so heiser, dass er kaum deutsch reden kann.

Der Richter zum 86-jährigen *Angeklagten*: »Sagen Sie mal, schämen Sie sich denn nicht, in Ihrem Alter noch ein Fernsehgerät zu stehlen?« Darauf der Angeklagte: »Was soll ich denn tun, in meiner Jugend gab es doch noch kein Fernsehen!«

»Warum antwortest du eigentlich immer mit einer *Gegenfrage*?« – »Mache ich das?«

Zwei Gäste kommen aus einem *Restaurant*. »Mieser Schuppen«, schimpft der eine, »die Suppe versalzen, das Gemüse kalt und das Fleisch zäh!« – »Ja!«, pflichtet der andere ihm bei, »und wenn wir nicht so schnell gegangen wären, hätten wir das alles auch noch zahlen müssen!«

Die Mutter schüttelt die *Zuckerldose* und schimpft mit dem kleinen Philipp: »Du hast schon wieder Zuckerl genascht.« Da mischt sich der Vater ein »Wie kannst du so etwas behaupten, ich könnte sie ja auch genommen haben.« Die Mutter schüttelt den Kopf: »Nein, es ist ja noch eines drin.«

Handys haben einen Vorteil und einen Nachteil. Der Vorteil: Man ist jederzeit erreichbar. Der Nachteil: Man ist jederzeit erreichbar.

Zwei Frauen am Gartenzaun. Die eine beschwert sich: »Ihr Kind hat mich heute ›alte Kuh‹ genannt!« Darauf die andere: »Ich hab ihm schon so oft gesagt, er soll die Leute nicht nach ihrem *Äußeren* beurteilen.«

Der *Chef* rügt den zu spät kommenden Mitarbeiter: »Sie kommen diese Woche bereits zum 4. Mal zu spät – was schließen Sie daraus?« – »Es ist Donnerstag!«

Kurz und gut

Zwei Freunde treffen sich, fragt einer: »Wie war dein Urlaub?« – »Furchtbar, ich hatte im *Hotel* das Zimmer mit der Nummer 100 und an der Tür fehlte die 1!«

Zwei *Kannibalen* verspeisen einen Clown. Sagt der eine zum anderen: »Der schmeckt aber komisch!«

Gestern Abend verlangte meine Frau in einer plötzlichen Laune von mir, dass ich sie an einen teuren Ort ausführen solle. Da habe ich sie halt zum *Tanken* mitgenommen.

Warum kann *Bin Laden* niemals Sekretär in einem *Büro* werden?
Er schafft nur drei Anschläge in 15 Minuten …

Telefonat: »Ist dort die *Alkoholiker-Beratung*?« – »Ja, haben Sie irgendwelche Sorgen, kann ich Ihnen helfen?« – »Ja, ich wüsste gerne, wie man Erdbeerbowle macht!«

Der eheliche Kommentar nach der *Party* auf dem Heimweg: »Du hast mal wieder nur Blech geredet. Ich kann nur hoffen, dass niemand mitgekriegt hat, dass du nicht betrunken warst.«

»Sie haben mir doch mehr *Gehalt* versprochen, wenn Sie mit mir zufrieden sind!« – »Ja schon, aber wie kann ich mit jemandem zufrieden sein, der mehr Geld haben will!«

»Was macht eigentlich dein Bruder?« – »Der muss *sitzen*.« – »Und warum?« – »Weil er gestanden hat.«

Arzt: »Sie haben *Krebs* und Sie haben *Alzheimer*.« – »Na Gott sei Dank, kein Krebs.«

Der *Bankdirektor* zu den *Reportern*: »Schreiben Sie nicht, dass zwei, sondern es seien drei Millionen erbeutet worden, dann hat der Kerl wenigstens einen Riesenkrach zu Hause.«

Was sucht ein *Einarmiger* in einer Geschäftsstraße? Einen Secondhandshop!

»*Warten* Sie schon lange?« – »Nein, ich bewundere nur die 7.411 Blumen auf Ihrer Tapete!«

»Kollege Dorfner, warum kommen Sie erst jetzt zur *Arbeit*?« – »Weil Sie gestern gesagt haben, ich soll meine Zeitung gefälligst zu Hause lesen.«

Patient: »Sagen Sie mir die Wahrheit, Herr Doktor. Ist meine *Krankheit* sehr schlimm?« Darauf der Arzt: »Na ja, sagen wir mal, wenn ich Sie heile, werde ich weltberühmt.«

Sagt der Besitzer eines *Trabi* zum Tankstellenpächter: »Guten Tag, ich hätte bitte gern zwei neue Scheibenwischerblätter für meinen Trabi!« Darauf der Pächter: »Einverstanden, ein fairer Tausch!«

Kurz und gut

»Weiß einer von euch, was eine *Wüste* ist?« – »Ja, der Garten meines Onkels!«

Treffen sich zwei *Hellseher*, sagt der eine zum anderen: »Kommst du mit?« Darauf der andere: »Nein, da war ich schon.«

»Wir können Sie nicht einstellen. Leider haben wir keine *Arbeit* für Sie.« – »Ach, das würde mir eigentlich nichts ausmachen!«

Das Motto des *Jagdvereins*: Lernen Sie schießen und treffen Sie neue Freunde.

Das letzte Ultimatum des *Schützen* Bornback: »Herr Hauptmann, entweder ich bekomme endlich mehr Sold – oder ich kaufe mir eine Kanone und mache mich selbstständig!«

Was ist der Unterschied zwischen *Kapitalismus* und *Sozialismus*?
Im Kapitalismus gibt es die Ausbeutung des Menschen durch den Menschen. Im Sozialismus ist es genau umgekehrt.

Es gibt drei Arten von *Menschen*: jene, die zählen können, und jene, die nicht zählen können.

Wie ist der Vorname vom *Reh*?
Kartoffelpü.

Wie heißt Herr Silie mit Vornamen? – *Peter*.

Wie heißt Herr Schweiß mit Vornamen? – *Axel*.

»Ha, du kennst doch diese tolle, kurvige *Blondine* – stell dir vor, die hat gestern stundenlang an meine Schlafzimmertür geklopft! – Aber ich habe sie nicht raus gelassen!«

Linux wird nie das meistinstallierte Betriebssystem sein, wenn man bedenkt, wie oft man *Windows* neu installieren muss!

Der Nachteil an *Linux* ist, dass man sich irgendwann nicht mehr an den Installationsvorgang erinnern kann.

Was hat die Ehefrau von Bill Gates nach der Hochzeitsnacht zu ihrem Mann gesagt? »Jetzt weiß ich, warum deine Firma *Microsoft* heißt!«

Treffen sich ein Dicker und ein Dünner. Sagt der Dicke: »Mann, wenn man Sie so sieht, könnte man meinen, es wäre eine *Hungersnot* ausgebrochen!« Sagt der Dünne: »Und wenn man Sie so sieht, dann könnte man vermuten, Sie wären schuld daran!«

Wenn ich sterbe, will ich friedlich dahingehen. So wie mein Großvater im Schlaf – und nicht laut kreischend wie die *Mitfahrer* in seinem Wagen.

Woran erkennt man einen freundlichen *Motorradfahrer*?
An den Fliegen zwischen seinen Zähnen.

Kürzester Witz: Treffen sich zwei *Päpste*!

Polizist: »In Ihrem Zustand heißt die Devise: Hände weg vom Steuer!« Betrunkener Autofahrer: »Was, wenn ich blau bin, soll ich auch noch freihändig fahren?«

Windeln und *Politiker* müssen regelmäßig gewechselt werden.
Aus dem gleichen Grund.

Straßenbefragung: Ein Mann wird interviewt: »Was ist das größere Problem der heutigen Gesellschaft – mangelndes Wissen oder mangelndes Interesse?« Darauf antwortet der: »Weiß ich nicht, ist mir auch ganz egal!«

Wissen ist *Macht*! Nichts wissen, macht auch nichts!

»Warum kommst du schon wieder zu spät?« – »Ich habe *verschlafen*.« – »Was, zu Hause schläfst du auch?«

Ich schließe keine *Lebensversicherung* ab. Ich möchte, dass alle richtig traurig sind, wenn ich einmal sterbe.

Woher hat das *Quiz* seinen Namen?
Weil g'wiß jemand was g'winnen wird!

Frage an *Radio Eriwan*: »Stimmt es, dass Flöhe und
Wanzen eine Revolution machen könnten?«
Antwort: »Im Prinzip ja, denn auch in ihnen fließt
das Blut der Arbeiterklasse.«

»*Gott* ist tot!« (Nietzsche)
»*Nietzsche* ist tot!« (Gott)

Kennen Sie die Steigerung von *imposant*?
1) Im Po Sand.
2) Im Hintern Steine.
3) Im Arsch Geröll.

Der *Anwalt* liest den Verwandten den *letzten Willen*
eines reichen Verstorbenen vor: »Und an Fennimore,
dem ich versprach, ihn in meinem Testament zu er-
wähnen, einen herzlichen Gruß: ›Hallo, Fennimore,
alter Knabe!‹.«

Toleranz? Ja, aber wer für alles offen ist, ist nicht
ganz dicht!

»Papi, Papi, was ist ein ›*Transvestit*‹?« – »Frag Mutti,
der weiß das!«

»Wo liegt der Herr, der von der *Dampfwalze* überfahren wurde?« – »Zimmer 8 bis 24.«

An 99 Prozent aller *Autounfälle* sind die Männer schuld – weil sie ihrer Frau den Autoschlüssel gaben!

»Herr Doktor, alle behaupten, ich wäre eine *Uhr*!« – »Ach, die wollen Sie doch nur aufziehen.«

Ein Vater resümiert: »Ich weiß jetzt, warum *Weihnachten* in meiner Kindheit so schön war. Ich musste die Geschenke nicht bezahlen!«

Die Oma zur Enkeltochter: »Du darfst dir zu Weihnachten ein schönes Buch von mir wünschen!« – »Fein, dann wünsche ich mir dein *Sparbuch*.«

Anruf beim *Wetteramt*: »Ihre leichte Bewölkung wird gerade von der Feuerwehr aus meinem Keller gepumpt!«

Zwei *Hellseher* unterhalten sich: »Einen furchtbar kalten Winter werden wir dieses Jahr haben.« – »Ja, er erinnert mich an den Winter 2043!«

»Sie müssen früher eigentlich ein *Wunderkind* gewesen sein«, meint der Chef. »Meinen Sie?«, fragt Kunibert stolz. »Sie haben mit sechs Jahren bestimmt genauso viel gewusst wie heute.«

Der *Richter*: »Die nächste Person, die die Verhandlung unterbricht, wird nach Hause geschickt!« Der *Gefangene*: »Hurra!«

Windows: Für die einen ist es ein Betriebssystem, für die anderen der längste Virus der Welt.

»Mir brauchst du nichts zu erzählen, ich habe sicher öfter eine *Fahrprüfung* gemacht als du!«

»Stell dir vor, du findest einen 100-Euro-Schein in der Tasche, was würdest du tun?« – »Mich fragen, wessen *Hose* ich anhabe.«

Ein Herr kommt in die Drogerie: »Fräulein, ich möchte bitte einen *Nachttopf*.« – »Groß oder klein?« – »Für beides!«

Kürzlich verkündete ein Lautsprecher in Miami: »Die Dame, mit dem blau-weiß getupften *Bikini* wird dringend gebeten, in ihre Kabine zu kommen – sie hat vergessen, ihn anzuziehen.«

»Die einzigen Bilder, die man sich auf der *Ausstellung* anschauen kann, das sind deine.« – »Vielen Dank, lieber Freund.« – »Ja wirklich – vor den anderen stehen immer so viele Leute.«

Die stolze Mama: »Mein *Kind* läuft seit drei Wochen.« Die Nachbarin: »Dann muss es aber jetzt sehr müde sein!«

»Kennst du das beste *Verhütungsmittel*?« – »Nein!« – »Richtig!«

Der Polizist: »Haben Sie denn das Schild mit der *Geschwindigkeitsbegrenzung* nicht gesehen?« – »Nein – bei dem Tempo, also wirklich unmöglich.«

»Der alte Herr Hofer hat ja wohl nicht viel hinterlassen?« – »Woher willst du das wissen?« – »Na, seine Familie ist noch nicht *zerstritten*.«

Was hört man, wenn man sich einen *Dönerkebab* ans Ohr hält?
Das Schweigen der Lämmer.

»Was für ein furchtbares Schicksal, taubstumm zu sein«, meint eine alte Dame und wirft dem *Bettler* 50 Cent in den Hut. Darauf der Bettler: »Blind war viel schlimmer – da bekam ich nur Hosenknöpfe.«

Offenbarung in der *Hochzeitsnacht*. »Liebling, ich muss dir gestehen – ich bin farbenblind.« – »Dann kann ich dir's ja sagen – ich bin ein Schwarzafrikaner.«

Hans trifft Willi auf der Straße und fragt: »Nanu, ich dachte du wolltest längere Zeit in Urlaub fahren?« – »Ja, weißt du – ich bin noch einmal mit einer *Geldstrafe* davongekommen.«

Barbara, diese *Pilzsuppe* schmeckt aber besonders köstlich, woher hast du denn bloß das Rezept?« – »Aus einem *Kriminalroman*!«

Mit leerem *Kopf* nickt sich's leichter!

Wir müssen *sparen*, wo es geht. Koste es, was es wolle!

Lieber vom Alkohol gezeichnet als von *Rembrandt* gemalt!

Der Kleinliche hält Ordnung, das *Genie* überblickt das Chaos!

Schimpft der *Chef*: »Fräulein Herber, der Herr Schnipsel hat sich darüber beschwert, dass Sie hier in aufreizender Kleidung und ohne Büstenhalter zur Arbeit erscheinen. Das dulde ich nicht! Sie sind entlassen – Herr Schnipsel!«

Lehrer: Was ist der Unterschied zwischen euch und Holz? Holz arbeitet!

Fragt das junge Mädchen den Finanzexperten: »Kann man eigentlich die *Pille* von der Steuer absetzen?« – »Ja, aber nur, wenn Sie sie vergessen haben.«

Der neue *Direktor* sagt in seiner Antrittsrede zu seinen Managern: »Meine Damen und Herren, damit Sie es gleich wissen: Ich liebe keine Jasager! Wenn ich Nein sage, dann wünsche ich, dass alle Nein sagen, ist das klar?«

»Weißt du, was ein *Vakuum* ist?« – »Wart, ich hab es im Kopf, aber im Moment fällt es mir nicht ein.«

Habt ihr schon von der neuen *Abtreibungsklinik* gehört? – Die ist total ausgebucht, ein Jahr Wartezeit!

Wie Kinder denken ⌇

Erzählen Sie die folgenden Witze vor allem Eltern mit fünf- bis fünfzehnjährigen Kindern – Sie haben leicht erworbene Lacher.

Ein Ehepaar mit Kind fliegt in den Urlaub. Sie gehen am Strand spazieren. Da kommt ihnen ein Mann entgegen. Der Kleine grüßt ihn. Fragt ihn der Vater: »Woher kennst du den denn?« – »Der ist vom *Umweltschutz*!« – »Vom Umweltschutz?« – »Ja, der fragt Mama immer, ob die Luft rein ist!«

Das *Punker*-Girl fragt die Verkäuferin im Kaufhaus: »Kann ich die Klamotten umtauschen, wenn sie meinen Eltern gefallen?«

Oma macht sich fertig, um mit dem Rad wegzufahren. Fragt klein Kevin: »Wo fährst du denn hin?« – »Zum *Friedhof*, mein Kind.« – »Und wer bringt das Rad wieder nach Hause?«

Oma fragt das kleine *Fritzchen*, was er sich denn zum Geburtstag wünscht. Die Antwort: »Einen *Tampon*!« Oma ist ganz entsetzt und fragt: »Ja, warum das denn?« – »Das hab ich in der Werbung gesehen, damit kann man reiten, schwimmen und segeln!«

Drei Buben gehen an einem heißen Sommertag in ein *Süßwarengeschäft*. Verkäufer zum ersten: »Was bekommst du?« Der erste Bub: »Bitte 100 Gramm Himbeerzuckerln!« Der Verkäufer geht zur Ecke, holt die schwere Leiter, stellt sie ans Regal, klettert ganz hinauf, holt die Himbeerzuckerln, steigt hinunter, wiegt 100 Gramm ab, klettert wieder die Leiter in die Höhe, stellt das Glas mit den Himbeerzuckerln zurück, steigt wieder hinunter und trägt die schwere Leiter zurück in die Ecke. Dann fragt er den zweiten: »Und was bekommst du?« Der zweite: »Ich bekomme bitte auch 100 Gramm Himbeerzuckerln!« Der Verkäufer holt die schwere Leiter, lehnt sie ans Regal steigt hinauf, holt das Glas mit den Himbeerzuckerln, steigt hinunter, wiegt ab, geht wieder zur Leiter und gerade als er hinaufsteigen möchte, denkt er nach und fragt den dritten: »Na, und du, bekommst du auch 100 Gramm Himbeerzuckerln?« Der dritte verneint. Also bringt der Verkäufer das Glas wieder hinauf ins Regal, klettert hinunter, stellt die schwere Leiter in die Ecke und fragt den dritten: »Also, was bekommst du?« – »Ich bekomme nur 50 Gramm Himbeerzuckerln!«

Ein Opa geht mit seinem Enkel in der freien Natur spazieren. Er knickt einen Grashalm ab und kaut auf ihm rum. Fragt der Enkel: »Opa bekommen wir jetzt ein neues *Auto*?« – »Wie kommst du denn jetzt auf diese Idee« – »Na, weil Papa gesagt hat, wenn Opa ins Gras beißt, bekommen wir ein neues Auto.«

Der Vater sagt zu seinem cleveren Sprössling: »Benjamin, dein Lehrer macht sich große *Sorgen* wegen deiner schlechten Noten!« – »Ach, Papi, was gehen uns denn die Sorgen anderer Leute an?«

Ein kleiner Junge weint und schreit verzweifelt: »Hilfe, meine *Mutter*, meine Mutter ist in die Jauchegrube gefallen!« Kommt ein mitfühlender Mann und springt hinein. Nach einiger Zeit taucht er prustend auf, voll mit den Fäkalien und meint dann zu dem Jungen: »Kleiner, es tut mir leid. Ich kann deine Mutter nicht finden.« Meint der Junge: »Ach, dann kann ich die Schraube ja auch reinschmeißen.«

Die Beamten bei der *Post* öffnen einen Brief, der an den Weihnachtsmann adressiert ist. »Lieber Weihnachtsmann. Ich bin zehn Jahre alt und Vollwaise. Hier im Heim bekommen immer alle Kinder nette Geschenke, nur ich nicht. Ich wünsche mir so sehr einen Füller, eine Mappe und einen Zirkel.«
Die Beamten sind sehr gerührt und veranstalten eine Sammlung in ihrer Filiale. Immerhin reicht es für einen Füller und die Mappe. Nach drei Wochen kommt wieder ein Brief vom selben Absender.
Sofort öffnet einer den Brief und beginnt laut zu lesen: »Lieber Weihnachtsmann! Vielen Dank für die schönen Geschenke! Ich habe mich sehr gefreut! Leider hat der Zirkel gefehlt, aber den haben bestimmt die Idioten von der Post geklaut!«

Wie Kinder denken

Wolfi will nicht essen. Die Mutter des Kindes ist schon völlig entnervt. Sie unternimmt einen letzten Versuch: »So, mein Schatz, wir spielen jetzt Straßenbahn. Du bist die *Straßenbahn*, und der Löffel, der in deinen Mund kommt, ist der Fahrgast!« – »Au fein«, Wolfi ist begeistert. Alles klappt hervorragend, der Teller ist schon fast vollkommen leer, da meint Wolfi: »So, jetzt alle wieder aussteigen!«

Gina kommt ganz aufgeregt in die Schule und erzählt: »Unsere *Katze* hat Junge bekommen!« Da fragt die Lehrerin: »Wollt ihr die Kätzchen großziehen?« Gina: »Nein, wir wollen sie lieber selbst wachsen lassen!«

Zwei *Babys* im Kinderwagen unterhalten sich miteinander. »Wie bist du eigentlich so mit deiner Mutter zufrieden?« – »Es geht, nur am Berg ist sie ein bisschen langsam!«

Erster Schultag nach den Ferien. Der Lehrer fragt: »Hattet ihr schöne Ferien, habt ihr viel erlebt? Du auch, Tanja?« Worauf Tanja meint: »Na ja, es geht so, aber für einen *Aufsatz* reicht es auf keinen Fall!!«

Ein Zeitungsjunge läuft schreiend durch die Straßen: »*Riesenschwindel*! Riesenschwindel! 73 Opfer!« Ein Herr kauft die Zeitung, überfliegt sie und rennt dem Burschen nach: »Kein Wort wahr von deinem Riesenschwindel!« Der Junge schreit: »Riesenschwindel! Riesenschwindel! 74 Opfer!«

Die Lehrerin fragt die *Abc-Schützen* nach ihren Namen. »Ich bin der Hansl«, sagt der erste. »Das heißt nicht Hansl, sondern Johann«, berichtigt ihn die Lehrerin. »Ich heiße Seppl«, sagt der zweite. »Das heißt nicht Seppl, sondern Josef«, berichtigt ihn die Lehrerin. »Und wie heißt du?«, fragt sie den nächsten. »Jokurt, Frau Lehrerin.«

Raphael schreibt aus dem Ferienlager: »Liebe Mami, lieber Papi. Mir geht es hier sehr gut! Was ist eigentlich eine *Epidemie*?«

Nach den Sommerferien ist bei der Lehrerin und ihren Zweitklässlern, die sie auch schon im Vorjahr in der Ersten hatte, der *Schulinspektor* zu Gast. Sie schreibt »Die Wiese ist schön grün.« an die Tafel, und fragt die Schüler, wer vorlesen möchte. Keiner möchte. Da fällt der Lehrerin die Kreide hinunter, worauf sie sich bückt und sie aufhebt. Da meldet sich plötzlich Andreas aus der letzten Reihe. Der Lehrerin ist das nicht ganz recht, da der Andreas zu den schlechteren Schülern gehört und im Vorjahr noch nicht recht lesen konnte. Die Lehrerin: »Ja, Andreas, bitte.« Andreas liest vor: »Die Lehrerin hat einen knackigen Po.« Darauf die Lehrerin: »Nein, Andreas, nein, das ist ja unverschämt, du gehst sofort auf den Gang und stellst dich dort in die Ecke!« *Fritzchen* steht auf, wendet sich um und sagt zum Schulinspektor, der neben ihm sitzt: »Du Depp, wenn du schon nicht lesen kannst, dann sag mir wenigstens nichts Falsches vor!«

Wie Kinder denken

Die *Lehrerin* der Klasse 5a ist krank, und die Klasse beschließt, sie im Krankenhaus mal zu besuchen. Klaus geht hinein, kommt nach zehn Minuten mit betrübter Miene wieder heraus, und sagt: »Es gibt keine Hoffnung mehr – sie kommt nächste Woche wieder in die Schule.

Fritzchen geht zur Krippe, nimmt das Jesuskind aus dem Stroh und sagt zu ihm: »So, und wenn ich diese *Weihnachten* keinen Gameboy kriege, dann siehst du deine Eltern nie wieder!«

»Du, Oma, schmeckt dir das *Bonbon*?« – »Danke, mein Kleiner, es schmeckt mir sehr gut.« – »Das ist aber komisch, der Hund hat es immer wieder ausgespuckt.«

»Na, Michael, weißt du denn auch, wogegen ich dich *geimpft* habe?« – »Klar – gegen meinen Willen!«

»Verlangen deine Eltern von dir, dass du vor dem *Essen* betest?«, erkundigt sich der Pfarrer. »Nein«, schüttelt Patrick den Kopf. »Meine Mutter kocht eigentlich recht gut!«

Der kleine Sohn kommt weinend zur Mutter: »Papi hat sich mit dem *Hammer* auf den Daumen geschlagen!« Die Mutter erstaunt: »Deshalb brauchst du doch nicht zu weinen! Da kannst du doch lachen!« Der Sohn: »Habe ich ja zuerst auch gemacht!«

Unterhalten sich zwei Fünfjährige: Sagt die eine: »Stell dir vor, gestern hab ich auf der *Veranda* ein Noppenkranzkondom gefunden!« Darauf fragt die andere: »Was ist denn das, eine Veranda?«

»Ich möchte dich jetzt *aufklären*«, sagt die Mutter zu ihrer 16-jährigen Tochter, »denn in sieben Monaten bekommst du ein Schwesterchen.« – »Nicht nötig Mami, in sechs Monaten wirst du Omi.«

Eine Mutter kommt in das Zimmer ihrer Tochter und findet dieses leer, mit einem Brief auf dem Bett. Das Schlimmste ahnend, macht sie ihn auf und liest Folgendes:

»Liebe Mami!

Es tut mir sehr leid, dir sagen zu müssen, dass ich mit meinem neuen Freund von zu Hause weggegangen bin. Ich habe in ihm die wahre Liebe gefunden. Du solltest ihn sehen, er ist ja soooo süß mit seinen vielen Tattoos und den Piercings und vor allem seinem Megateil von Motorrad! Aber das ist noch nicht alles, Mami. Ich bin endlich schwanger und Abdul sagt, wir werden ein schönes Leben haben in seinem Wohnwagen mitten im Wald! Er will noch viele Kinder mit mir und das ist auch mein Traum. Und da ich draufgekommen bin, dass Marihuana eigentlich gut tut, werden wir das Gras auch für unsere Freunde anbauen, damit sie, wenn denen einmal das Koks oder Heroin ausgeht, nicht so sehr leiden müssen. In der Zwischenzeit hoffe ich, dass die Wissenschaft endlich ein Mittel gegen

Aids findet, damit es Abdul bald besser geht. Er verdient es wirklich! Du brauchst keine Angst zu haben Mami! Ich bin schon 13 und kann ganz gut auf mich selber aufpassen. Ich hoffe, ich kann dich bald besuchen kommen, damit du deine Enkel kennenlernst! Deine geliebte Tochter

PS: Alles Blödsinn Mami, ich bin beim Nachbarn. Wollte dir nur sagen, dass es schlimmere Sachen im Leben gibt als das *Jahreszeugnis*, das auf dem Nachttischchen liegt. Hab dich lieb!«

Der ungezogene Gerald trifft die gute *Fee* im Wald: »Nun, kleiner Gerald, du hast zwei Wünsche frei!« – »Siehst du diesen Baum? Schlage einen Nagel so rein, dass niemand auf dieser Welt ihn herausziehen kann. Niemand!« – »Gut, erledigt. Weiter!« – »Ziehe ihn heraus!«

Ein Maturant gerät in eine *Polizeikontrolle*. Er kurbelt cool die Scheibe runter und fragt den Polizisten: »Was ist passiert? Warum das Ganze?«

Polizist: »Wir suchen einen Vergewaltiger.«

Schüler: »Ach so.« Er kurbelt die Scheibe wieder hoch und fährt weiter. Nach einem Kilometer legt er eine Vollbremsung hin, dreht um und fährt zurück.

Der Polizist erkennt ihn wieder und fragt verdutzt: »Was ist los? Sie waren doch grad eben schon mal hier?«

Darauf der Schüler: »Ich hab's mir überlegt, ich mach's!«

Der *Anatomieprofessor* zur Studentin: »Welcher Teil des menschlichen Körpers weitet sich bei Erregung um das Achtfache?«

Sie wird rot und stottert: »Der ..., das ...« – »Falsch, die Pupille«, entgegnet der Professor. »Und Ihnen, meine Liebe, würde ich raten, mit nicht zu hohen Erwartungen in die Ehe zu gehen!«

Mathematiklehrer in einer Klasse von 14-Jährigen: »Heute ein ganz einfaches Prüfungsbeispiel. Isabella, komm heraus! Wie viel ist 5 + 7?« Isabella: »8.« Die ganze Klasse: »Geben's ihr noch a Chance, geben's ihr noch a Chance!« Lehrer: »Gut, wie viel ergibt 6 + 4?« Isabella: »8«. Die ganze Klasse: »Geben's ihr noch a Chance, geben's ihr noch a Chance!« Lehrer: »Gut, wie viel ergibt 5 + 3?« Isabella: »8.« Die ganze Klasse: »Geben's ihr noch a Chance, geben's ihr noch a Chance!«

Der *Lehrer* spricht zu seiner Klasse: »Hier ist eine totale Unordnung. Also ich suche jemanden, der heute Nachmittag hier aufräumt! Wer hilft mir dabei?« Peter zeigt auf. Der Lehrer: »Sehr gut, Peter, komm bitte heraus!« Peter stellt sich neben den Lehrer und sagt: »Also der Lehrer und ich suchen jemanden, der heute Nachmittag hier aufräumt!«

Gestern habe ich meinen Sohn gefragt: »Philipp, warum klebst du mein Foto in dein Schulheft?« Da hat Philipp geantwortet: »Weil meine Lehrerin einmal

Wie Kinder denken

sehen wollte, welcher Trottel mir immer bei meinen *Hausaufgaben* hilft!«

Beim *Sportunterricht* liegen alle auf dem Rücken und fahren Rad. »He Friedrich! Warum machst du nicht mit? Du liegst ja ganz ruhig da!«, schimpft der Lehrer. »Sehen Sie nicht? Ich fahre gerade bergab!«

In Ich-Form erzählen ～～

Oft ist ein Witz viel lustiger, wenn man ihn als selbst erlebte Erzählung bringt. Hier ein Beispiel:

Originalwitz:

»Soll ich Ihnen das Mittagessen in die Kabine bringen?«, fragt der Ober den seekranken Passagier. »Oder sollen wir es gleich für Sie über Bord werfen?«

Vortrag:

Unlängst bin ich mit einem Dampfer gefahren, ich war so seekrank! Der Ober hat das natürlich sofort gemerkt und hat dann originellerweise gefragt: »Soll ich Ihnen das Mittagessen in die Kabine bringen oder sollen wir es gleich für Sie über Bord werfen?«

Das Ziel ist es ja, Menschen zum Lachen zu bringen! Aber stellen Sie später klar, falls es in dieser Richtung Unsicherheiten gibt, dass alles erfunden ist!

Heute war ich mit einem Freund in der *Kirche*. Auf einmal zündet der sich eine Zigarette an. Ich konnte es nicht glauben! Raucht der einfach eine Zigarette in der Kirche! Vor Schreck wäre mir fast mein Bier aus der Hand gefallen!

Letztens stieg ich auf die *Waage*, das war so eine sprechende Waage. War gespannt, wie schwer ich bin, doch sie hat nur gesagt: »Bitte nicht in Gruppen auf die Waage stellen!«

Kürzlich sah ich eine verschrumpelte, faltige, kleine Frau, die glücklich in ihrem Schaukelstuhl auf der Veranda saß. Ich musste sie einfach ansprechen: »Entschuldigen Sie, aber Sie sehen so zufrieden und glücklich aus. Was ist das Geheimnis Ihres Lebens?« Die Frau antwortete: »Jeden Tag 60 bis 80 *Zigaretten*, mindestens eine Flasche Schnaps, keinen Sport und jede Menge junge Männer – und das mein ganzes Leben lang!«
Ich war wirklich erstaunt. Dann habe ich sie gefragt: »Wie alt sind Sie jetzt?« Hat sie gesagt: »39!«

Als ich in den USA war, fuhr ich mit dem Auto durch Washington, nach kurzer Zeit stand ich im Stau. Plötzlich klopfte ein Mann an mein Fenster. »Präsident *George Bush* wurde entführt. Der Täter verlangt zehn Millionen Dollar Lösegeld oder er übergießt den Präsidenten mit Benzin und verbrennt ihn. Meine Freunde und ich gehen nun von Auto zu Auto und sammeln.« Da habe ich gefragt: »Und wie viel spenden die Leute im Durchschnitt?« – »Ca. vier bis fünf Liter!«

Bei meiner *Führerscheinprüfung* bin ich übrigens einmal durchgefallen. Warum? Weil ich überholt habe: einen Geisterfahrer!

Ich war einmal bei einer *Wahrsagerin*. Sie blickte in ihre Kristallkugel und sagte: »Wie ich sehe, sind Sie Vater von zwei Kindern.« – »Ha, der Meinung sind Sie«, erwiderte ich, »ich bin Vater von drei Kindern.« Die Wahrsagerin lächelte: »Der Meinung sind Sie!«

»Du, ich bin kürzlich mit meinem Geländewagen in eine *Radarfalle* gefahren! – Es hat nicht geblitzt – nur gescheppert …«

»Langsam habe ich das Gefühl, ich bin unwichtig. Das erkenn' ich daran, dass ich nicht einmal mehr *Spammails* bekomme.«

»Letztens habe ich einen Mann mit einer Gießkanne ins *Casino* auf der Kärntner Straße in Wien gehen gesehen. Weißt du, was er machen wollte? Er wollte die Bank sprengen!«

Vor einigen Tagen ging ich in ein Textilgeschäft. »Was darf's denn sein?«, fragte die Verkäuferin höflich. »Ich möchte mir gerne Ihre *Unterwäsche* ansehen«, habe ich geantwortet. »Aber mein Herr«, sagte die Verkäuferin erschrocken, »doch nicht hier vor allen Leuten!«

»Na, wie hätten Sie's denn gern?«, hat mich mein *Friseur* gefragt. Da war ich ehrlich und habe geantwortet: »Umsonst!«

In Ich-Form erzählen

»Gestern habe ich von unserer *Sekretärin* geträumt und ehrlich gesagt, die sollte sich was schämen!«

Eine *Kollegin* ging mit einem gewagten Ausschnitt durchs Büro. Kam der Chef vorbei: »Hallo, Fräulein Susi, ich wusste gar nicht, dass Sie schon Mutter sind.« – »Mutter? Aber wieso denn?« – »Na, weil Sie sich schon zum Stillen bereit gemacht haben!«

Gestern klopft es an der Tür: »Ich komme, um das Waschbecken bei Ihnen zu reparieren.« Ich war ganz überrascht. »Aber das ist doch gar nicht kaputt.« – »Ja, haben Sie mich denn nicht selbst gerufen, Herr Junghans?« – »Junghans? Ich heiße Engel. Familie Junghans ist vor einem Jahr ausgezogen!« – »Das ist ja unglaublich! Erst bestellen die Leute dringend einen *Installateur* und dann ziehen sie einfach um!«

Zufällig wurde ich Zeuge einer Kundgebung: Etwa 500 *Arbeitslose* veranstalteten eine Demonstration. Ein Fabrikbesitzer geht auf einen zu und sagt: »Sie können schon morgen bei mir anfangen.« Empört sich der: »Warum ausgerechnet ich? Hier sind doch noch 499 andere!«

Neulich, als ich mal wieder eine Sardinendose öffnete, sah ich mit Erschrecken, dass die *Verschmutzung* der Weltmeere immer mehr zunimmt: – Die ganze Dose voller Öl! – Und die Fische alle tot!

»Ich rauche jetzt nicht mehr Pfeife, nur noch *Zigaretten*, weil das billiger ist! Oder hast du schon mal erlebt, dass dir einer eine Pfeife angeboten hätte?«

»Wieso macht der Brief dich glücklich? Da steht doch ›Letzte *Mahnung*‹ drüber. Oder?«, fragte mich mein Freund. »Schon richtig«, erwiderte ich, »aber ist es nicht herrlich, dass diese widerliche Mahnerei endlich aufhört?«

»Apropos *Wissen* – ich sage mir immer: Was ich nicht weiß, macht mich nicht heiß!« – »Mein Gott, müssen Sie aber frieren.«

»Meine *Abmagerungskur* hat vor allem bewirkt, dass mein Haar schon viel dünner geworden ist!«

»Wenn ich an die nächste *Wahl* denke, kann ich nur sagen, ich bin froh, dass nur einer von denen gewählt werden kann!«

Zum 18. Geburtstag meines Sohnes habe ich nur gesagt: »Herzlichen Glückwunsch zur Volljährigkeit, mein Sohn. Nun kannst du bis zu deiner *Hochzeit* tun und lassen, was du willst!«

Kennt ihr schon den neuen *Tarif* bei der Telekom: Der »Weißt du eigentlich, wie spät es ist, du rücksichtsloser Affenhintern!«-Tarif, Montag bis Freitag von 2.00 Uhr bis 5.00 Uhr.

In Ich-Form erzählen

»Also diesmal meine ich es ernst mit meiner *Schlank-heitskur*! – Ich lese jetzt nicht einmal mehr das Fett-gedruckte in der Zeitung.«

Gestern habe ich einen *Ring* gefunden. Eigentlich wollte ich ihn ins Fundbüro bringen, aber dann las ich die Gravur: »Auf ewig dein«.

Vornamen
und Markennamen

Gerade bei den Witzen mit speziellen Vornamen gilt es gut zu überlegen, ob niemand gekränkt wird. Und hier gilt außerdem besonders:

De absentibus nihil nisi bene!! (Über Abwesende nur Gutes!)

Warum lassen Mütter ihre Töchter *Gabriele* taufen? – Weil sie nicht wissen, ob sie vom GAsmann, BRIefträger oder ELEktriker sind.

Alle Jungen ärgern gerne Mädchen, nur nicht die *Agathe*, denn die kann Karate.

Alle Kinder besichtigen Löwen im Tierpark, nur nicht *Jutta*, die ist Futter.

Alle hoben beim Überfall die Hände – nur nicht der *Fritz*, der hielt's für 'nen Witz.

Allen Kindern steht das Wasser bis zum Hals, nur nicht *Heiner*, der ist 'nen Kopf kleiner.

Alle Kinder schauen aufs brennende Haus, außer *Klaus* der schaut raus!

Alle Kinder decken den Tisch, nur nicht *Jochen*, den tun sie kochen.

Alle Kinder essen Schnitzel. Nur nicht *Susanne*, die liegt in der Pfanne.

Was ist der beliebteste polnische Männername? – *Klaus*!

Lieber *Silvi* und Sauna als Flora und Fauna.

»Wollen Sie Ihre Tochter wirklich *Claire* taufen, Frau Grube?«

»Wollen Sie Ihren Sohn wirklich *Chris* taufen, Herr Tallnacht?«

Michl und sein Freund laufen durch Wien. An jeder Ecke wird Michl von allen möglichen Leuten gegrüßt. Meint sein Freund: »Mensch, dich kennt ja hier jeder.« – »Ja«, sagt Michl, »aber das ist nicht nur hier so.« Am nächsten Tag gehen Michl und sein Freund durch Salzburg und wieder an jeder Ecke: »Hallo Michl … na, Michl, wie geht's?« Der Freund von Michl wieder: »Ist ja Wahnsinn, selbst hier kennt dich fast jeder!« Eine Woche später sind Michl und sein Freund in Rom auf Urlaub und kommen zum Petersplatz, wo der Papst eine Messe halten will. Der Papst winkt Michl zu, und Michl sagt zu seinem Freund: »Ich geh da mal schnell rauf auf den Balkon, den Papst begrüßen, wir kennen einander nämlich auch.« Als Michl oben beim Papst steht, stellen sich zwei Touristen neben Michls Freund und fragen: »Wissen Sie, wer das da ist?« – »Wen meinen Sie«, fragt der Freund von Michl. »Na, der da oben auf dem Balkon, neben Michl!«

»Eine Woche ohne *Freitag* ist für mich unvorstellbar!« Zitat: Robinson Crusoe

Auf dem *Standesamt*:
Mann: »Ich möchte meinen Namen ändern lassen.«
Beamter: »So einfach geht das aber nicht.«
Mann: »Warum denn nicht?«
Beamter: »Ja, da würde ja jeder kommen!«
Mann: »Aber ich möchte unbedingt meinen Namen ändern lassen.«
Beamter: »Also gut, sagen Sie mir doch erstmal, wie sie heißen.«
Mann: »Leopold Hundekot.«
Beamter: »Oje, natürlich, selbstverständlich, Entschuldigung. Klar werden wir diesen Namen ändern!«
Mann: »Danke, herzlichen Dank!«
Beamter: »Wie wollen Sie denn in Zukunft heißen?«
Mann: »Erwin Hundekot.«

Geht ein *Lateinlehrer* in die Bar und bestellt beim Ober: »Einen Martinus, bitte!« Der Ober: »Sie meinen wohl Martini, mein Herr!« – »Nein, wenn ich mehrere wollte, hätte ich es gesagt!«

Geht ein *Prolet* mit seiner Freundin in eine vornehme Bar und bestellt: »Zwa Martini!« Der Ober fragt nach: »Dry?« – »Na, zwa hab i gsagt!«

Kommt ein Mann ins *Standesamt*, um seinen Nachnamen ändern zu lassen. »Wie heißen Sie denn?«, fragt der Beamte. »Schweißeimer«, antwortet der Mann. »Und wie möchten Sie heißen?« – »Ich möchte noch ein H in meinem Namen haben, also Schweißheimer.« – »Das wird aber nicht billig«, entgegnete der Beamte. »Das weiß ich, was glauben Sie wohl, was das W gekostet hat.«

FIAT: Ferrari in außergewöhnlicher Tarnung.

Mazda: Mein Auto zieht der Abschleppdienst.

BMW: Bei Mercedes weggeworfen.

Golf: Ganz ohne Luxus fahren.

VW: Viel Werkstatt.

SEAT: So eine Art Traktor.

Honda: Habe ohne Nachdenken dich angeschafft.

Opel: Ohne Power ewig Letzter.

Datsun: Diese Autos töten sanft unsere Nerven.

LADA: Letzter auf der Autobahn.

Post: People of slow transport.

PUMA: Probier unbedingt mal Adidas!

Vornamen und Markennamen

Außerdem

Sie werden sicher oft gebeten, einen Witz zu erzählen – vor allem wenn man weiß, dass Sie Niveau haben und dies nicht einen Abend lang machen werden. Hier sind einige zu verschiedenen Themen!

Eine Frau ruft bei einem Radiosender an und möchte sich für einen »ganz besonderen Menschen« ein Lied wünschen, weshalb der Radiomoderator Näheres wissen will.

Darauf erzählt sie: »Ich habe gerade eine *Geldbörse* gefunden, in dieser sind 2.500 Euro drin. Außerdem habe ich noch eine Karte in dieser Börse entdeckt. Diese ist auf den Namen Hans Mühlgassner, Hohle Gasse 8 ausgestellt. Bitte spielen sie doch irgendein schönes Lied für den Mann.«

Nachts um halb zwei läutet bei Familie Mikät in der Umgebung von Linz das *Telefon.* Liesl Mikät nimmt ganz schlaftrunken den Hörer und meldet sich: »Mikät.« – »Hallo«, meint da der Anrufer, »ist dort sechshundertsechsundsechzig achthundertachtundachtzig?« – »Nein«, antwortet Liesl, »hier ist sechsundsechzig, achtundsechzig, achtundachtzig!« – »Da bin ich falsch verbunden«, entschuldigt sich der Anrufer,

»verzeihen Sie bitte, dass ich Sie geweckt habe!« –
»Das macht nichts«, meint Liesl Mikät, »ich hätte ohnedies aufstehen müssen, das Telefon hat nämlich
geläutet!«

Drei *Vampire* sitzen kurz nach Mitternacht auf einer
Friedhofsmauer und hängen herum. Meint der erste
plötzlich: »Oh Jungs, jetzt bekomme ich aber Hunger!« Er flattert in die Nacht. Nach einer guten Stunde kommt er wieder, setzt sich mit blutverschmiertem Gesicht zu seinen Kumpels und grinst zufrieden
und satt. »Hey, das ging ja fix! Wo warst du denn?«,
fragt ihn der eine. »Seht ihr die Lichter dort im Norden?« – »Ja, und?«, fragen die beiden zurück. »Dort
feiert eine Männergruppe einen Junggesellenab-
schied, die sind so blau, die haben gar nicht gemerkt,
dass ich einen von ihnen gebissen habe!« – »Ui!«,
meint einer der anderen, »jetzt bekomme ich aber
auch Hunger!« Schon nach einer halben Stunde
kommt er wieder, ebenfalls mit blutverschmiertem
Gesicht, und setzt sich zufrieden auf die Mauer.
»Wow! Das ging aber fix! Wo kommst du denn so
schnell her?« – »Seht ihr die Lichter dort im Süden?«,
fragt er seine Kumpels. »Ja, und?« – »Dort ist eine
große Hochzeit. Die sind alle so mit Feiern beschäftigt, die haben gar nicht gemerkt, dass ich die Braut
dreimal gebissen habe.« – »Uh!«, meint der dritte,
»jetzt krieg ich aber auch Hunger!« Nach nur fünf
Minuten kommt er wieder, setzt sich mit blutverschmiertem Gesicht auf die Mauer und schweigt.

»Hey, das ging ja rasend fix!«, staunen seine Kollegen. »Wo warst du denn?« – »Seht ihr die große Mauer dort im Osten?« – »Ja, und?«, fragen seine beiden Kollegen. »Ich hab sie nicht gesehen!«

Der junge *Schauspieler* kommt nach Hause und verkündet stolz, er habe seine erste Rolle in einem Stück erhalten. »Ich spiele einen Ehemann, der 25 Jahre verheiratet ist!«, erzählt er. »Nicht schlecht für den Anfang«, meinte sein Vater. »Vielleicht kriegst du das nächste Mal sogar eine Sprechrolle.«

»Sag mal, wozu hat ein *Hubschrauber* eigentlich oben diesen Propeller?« – »Das ist ein Ventilator!« – »Das ist doch Unsinn!« – »Nein, ich bin neulich erst mit einem mitgeflogen. Da ist der Ventilator plötzlich stehen geblieben – was glaubst du, wie der Pilot da geschwitzt hat!«

Treffen sich zwei *Planeten* im Weltall. Sagt der eine: »Du siehst aber schlecht aus. Fehlt dir was?« Erzählt der zweite: »Ach, mir geht's gar nicht gut. Ich habe Homo sapiens.« Tröstet ihn der erste: »Keine Sorge, hatte ich auch mal. Das geht wieder vorbei!«

Ein Student kommt zu spät zur Vorlesung. Der Professor fragt grimmig: »Waren Sie schon beim *Militär*?« Der Student nickt. Professor: »Was hätte Ihr Spieß zu Ihnen gesagt, wenn Sie zu spät gekommen wären?« Student: »Guten Morgen, Herr Leutnant!!«

Fragt der Passant den *Angler*: »Beißen sie?« Darauf der Angler: »Nur, wenn Sie mich weiter beim Angeln stören.«

Ein Mann schleppt sich mühsam durch die Wüste auf der Suche nach Wasser. Da kommt ein anderer auf einem Kamel vorbei. »Wasser, Wasser«, bettelt der durstige Mann. »Sorry, kein Wasser, nur *Krawatten*«, antwortet der Mann auf dem Kamel. Der Mann ist so durstig, dass er nur noch auf allen Vieren durch die Wüste kriechen kann. Und noch mal begegnet ihm ein Mann auf einem Kamel. »Wasser, Wasser«, bettelt der Mann wieder. »Nein, kein Wasser – Krawatten, schöne Krawatten habe ich«, sagt der Krawattenverkäufer. Der Mann kriecht weiter, bis er plötzlich vor einem Luxushotel landet. Ein Portier fragt, was er wolle. Am Ende seiner Kräfte stöhnt er: »Ich brauche Wasser!« – »Tut mir leid«, meint der Türsteher, »aber ohne Krawatte kann ich Sie hier nicht reinlassen!«

In einem Hamburger Tanzcafé krabbelt ein älterer Herr auf allen Vieren zwischen den Tischen herum, an denen hübsche Mädchen sitzen. Schließlich fragt die hübsche Claudia: »Sag mal, Alterchen, was suchst du denn da unten?« – »Mein Sahnebonbon ist mir aus dem Mund gefallen!« – »Na, mach doch nicht so ein Theater wegen eines dämlichen Sahnebonbons!« – »Sie haben leicht reden«, jammert der Opa. »Es hängt nämlich mein *Gebiss* dran!«

Außerdem

Visite im *Altersheim*. Chefarzt: »Sagen Sie mal ganz im Vertrauen, wann haben Sie denn das letzte Mal Sex mit einer Frau gehabt?« Älterer Herr (stotternd): »1945.« Chefarzt: »Das ist aber lange her!« Opa: »Wieso – jetzt ist es doch erst 20:15!«

Ein Student fällt bei der *Klausur* in ›Logistik – Organisation‹ durch. Student: »Sie bestrafen mich. Verstehen Sie überhaupt etwas davon?«
Professor: »Ja, sicher, sonst wäre ich nicht Professor!«
Student: »Gut, jetzt frage ich Sie etwas. Wenn Sie die richtige Antwort geben, nehme ich meine Fünf und gehe. Wenn Sie jedoch die Antwort nicht wissen, geben Sie mir eine gute Note.«
Professor: »Wir machen das Geschäft.«
Student: »Was ist legal, aber nicht logisch, logisch, aber nicht legal und weder logisch noch legal?«
Der Professor kann auch nach langem Überlegen keine Antwort geben und gibt dem Studenten wie versprochen eine gute Note.
Kaum allein in seinem Arbeitszimmer ruft der Professor seinen besten Studenten und stellt ihm die gleiche Frage.
Dieser antwortet sofort: »Sie sind 63 Jahre alt und mit einer 35-jährigen Frau verheiratet, dies ist legal, jedoch nicht logisch. Ihre Frau hat einen 25-jährigen Liebhaber, dies ist zwar logisch, aber nicht legal. Sie geben dem Liebhaber Ihrer Frau eine gute Note, obwohl er durchgefallen ist, das ist weder logisch noch legal.«

In der psychiatrischen Klinik fragt der Arzt einen Patienten: »Warum sind Sie hier?« – »Ich bin hier, weil ich *Seidenhemden* bevorzuge.« – »Aber das ist doch keine Krankheit. Ich mag auch Seidenhemden.« Da antwortet der Patient begeistert: »Auch am liebsten mit Essig und Öl?«

Zwei Freunde begegnen einander:
A: »Na, wie geht's dir denn?«
B: »Schlecht, meine Firma ist kürzlich in Konkurs gegangen.«
A: »Ähh, und sonst?«
B: »Na ja, meine Frau ist mit meinem besten Freund abgehauen.«
A. »Ahh ja, und abgesehen davon?«
B: »Mein Jüngster wurde gerade von einem Auto überfahren.«
A: »Das tut mir wirklich leid. Und sonst?«
B: »Mein Haus ist abgebrannt.«
A: »Das ist ja nicht zu glauben. Gibt es in deinem Leben nichts *Positives*?«
B: »Oh doch, meinen AIDS-Test.«

Auf der Autobahn wird ein Auto von *Polizisten* angehalten. »Herzlichen Glückwunsch, Sie sind der 10.000. Benutzer dieser Autobahn und haben soeben 10.000 Euro gewonnen!« – »Juchhu!« – »Was machen Sie jetzt mit dem Geld?«
»Tja«, sagt der Mann am Steuer, »ich werde damit erstmal meinen Führerschein machen!« – »Glauben

Sie ihm kein Wort«, sagt die Frau neben ihm, »er redet immer solchen Unsinn, wenn er betrunken ist!« Schreit die schwerhörige Oma auf dem Rücksitz: »Ich hab ja gleich gesagt, dass wir mit dem geklauten Auto nicht weit kommen!« In diesem Moment kommt eine Stimme aus dem Kofferraum: »Sind wir schon über der Grenze?«

Panischer Anruf bei der *Bahn*: »Auf dem Bahndamm liegt ein Gleis!« Darauf der Bahnbedienstete: »Ja, und das ist auch gut so.« Fünf Minuten später kommt noch ein Anruf: »Jetzt haben sie den almen alten Mann übelfahlen.«

Eines Morgens hört ein Einwohner Chicagos eine *Stimme* in seinem Kopf. »Gib deinen Job auf, verkauf dein Haus, nimm all dein Geld und geh nach Las Vegas.« Er ignoriert die Stimme. Später im Verlauf des Tages hört er die Stimme wieder. »Gib deinen Job auf, verkauf dein Haus, nimm all dein Geld und geh nach Las Vegas.« Wieder ignoriert er die Stimme. Bald hört er die Stimme jede Minute. »Gib deinen Job auf, verkauf dein Haus, nimm all dein Geld und geh nach Las Vegas.« Schließlich hält er es nicht mehr aus und glaubt der Stimme. Er gibt seinen Job auf, verkauft sein Haus, nimmt sein ganzes Geld und fliegt nach Las Vegas. Sobald er aus dem Flugzeug aussteigt, sagt die Stimme zu ihm: »Geh zum Horseshoe.« Er geht zum »Horseshoe«. Die Stimme sagt: »Nimm dein Geld und kauf dich in die World-Seriesof-Poker ein.« Er nimmt seine ganzen 10.000 Dollar, bezahlt die Eintrittsgebühr und geht zum Turniertisch. Das erste Blatt wird ausgeteilt und er bekommt Ass Pik und Ass Karo. Die Stimme sagt: »Geh All-In.« Er legt seine ganzen 10.000 Dollar in den Pot. Drei Spieler gehen mit. Der Dealer legt die Gemeinschaftskarten hin, Herz Bube, Herz 10, Herz 9. Die Stimme sagt: »Scheiße!«

Ein recht fescher junger Mann aß unheimlich gern gekochte Bohnen, die aber leider immer so eine bekannt unangenehme Wirkung bei ihm hatten. Als er heiraten wollte, dachte er sich: »Sie wird mich niemals zum Mann nehmen, wenn ich nicht damit aufhöre.« Also zog er einen Schlussstrich, gab die Liebe zu den Bohnen auf und heiratete seine Angebetete. Am Heiligen Abend, auf dem Heimweg, ging sein Auto plötzlich kaputt, und weil sie weit draußen auf dem Land wohnten, rief er seine Frau an und sagte, dass er später käme, weil er laufen müsse. Er kam an einem kleinen Gasthaus vorbei, aus dem der unwiderstehliche Geruch von heißen Bohnen strömte. Er dachte sich, dass die Wirkung der Bohnen bis nach Hause nachgelassen haben dürfte. Also ging er hinein und bestellte drei extragroße Portionen Bohnen. Auf dem Heimweg arbeitete sein Darm lautstark ununterbrochen. Als er dann schließlich daheim ankam, fühlte er sich ziemlich sicher. Seine Frau erwartete ihn schon und wirkte ziemlich aufgeregt: »Liebling, ich habe für dich eine große Überraschung zum Abendessen vorbereitet.« Und sie band ihm ein Tuch vor die Augen. Dann führte sie ihn zu seinem Stuhl und er musste versprechen, nicht zu gucken. Plötzlich spürte er, wie sich langsam und unaufhaltsam eine gigantische *Blähung* in seinem Darm bildete. Glücklicherweise klingelte genau in diesem Moment das Telefon und seine Frau bat ihn, doch noch einen Moment zu warten. Als sie gegangen war, nutzte er die Gelegenheit. Er verlagerte sein Gewicht auf das linke Bein und ließ es krachen. Es war nicht nur laut, sondern roch auch wie verfaulte Eier. Er konnte kaum noch atmen. Er ertastete sich eine Serviette und fächerte sich damit Luft zu. Er hatte sich kaum erholt, als sich eine zweite Katastrophe anbahnte. Wieder hob er sein Bein und »fffrrrrr«! Es hörte sich an wie ein startender Dieselmotor und roch noch schlimmer. Um nicht zu ersticken, fuchtelte er wild mit den Armen, in der Hoffnung, der Gestank würde sich verziehen. Als sich alles wieder etwas beruhigt hatte, spürte er erneut ein Unheil heraufziehen. Diesmal hob er sein anderes Bein und ließ den heißen, feuchten Dampf ab. Das ging die nächsten zehn Minuten so weiter und immer wieder lauschte er, ob seine Frau noch am Telefon sprach. Als er dann hörte, wie der Hörer aufgelegt wurde, legte er feinsäuberlich die Serviette auf den Tisch und seine Hände darauf. So zufrieden lachend, war er ein Sinnbild für die Unschuld, als seine Frau zurückkam. Sie entschuldigte sich, dass es so lange gedauert hatte, und wollte wissen, ob er auch nicht geguckt hätte. Dann entfernte sie die Augenbinde und rief: »Überraschung!« Zu seinem Entsetzen musste er feststellen, dass am Tisch noch acht Gäste saßen, die ihn entgeistert anstarrten.

(Anmerkung des Autors: Der ist zum Merken zu lang, verschicken Sie ihn einfach per Mail!)

Anlässlich seines 90. Geburtstags wird ein greiser Herr im *Altersheim* für einen Bericht in der Lokalzeitung interviewt.

Reporter: »Wie fühlen Sie sich in Ihrem Alter und in dieser Umgebung?«

Greis: »Danke, sehr gut.«

Reporter: »Wie sieht denn Ihr Tagesablauf hier drin aus?«

Greis: »Morgens erst mal urinieren!«

Reporter: »Und? Keine Probleme?«

Greis: »Alles bestens! Harter Strahl, kein Brennen, gesunde Farbe!«

Reporter: »Und dann?«

Greis: »Stuhlgang.«

Reporter: »Irgendwelche Beschwerden?«

Greis: »Keine Spur. Ausreichender Druck, kein Blut, ganz normale Darmentleerung.«

Reporter: »Wie geht es dann weiter?«

Greis: »Dann stehe ich auf.«

Karl ist zu Besuch bei seinem Freund Josef und dessen Frau. Während des gesamten Abendessens spricht Josef seine Frau nur mit »Schatzi«, »Mausi«, »Engelchen« usw. an.

Nach dem Essen, als die beiden mal eine kurze Zeit alleine sind, spricht Karl seinen Freund an: »Das finde ich so lieb, dass du deine Frau nach all den Ehejahren noch immer mit solchen Kosenamen ansprichst!« Darauf Josef: »Nun, um die Wahrheit zu sagen, ich habe vor drei Jahren ihren Namen *vergessen*.«

Ein junger Mann zieht in die Stadt und geht zu einem großen Kaufhaus, um sich dort nach einem Job umzusehen.

Personalchef: »Haben Sie irgendwelche Erfahrungen als *Verkäufer*?«

Junger Mann: »Ja, da wo ich herkomme, war ich immer der Top-Verkäufer!«

Der Personalchef will ihm eine Chance geben und stellt ihn ein. Nach Ladenschluss geht er zu ihm und fragt: »Wie viele Kunden hatten Sie denn heute?«

Junger Mann: »Einen.«

Personalchef: »Nur einen? Unsere Verkäufer machen im Schnitt 20 bis 30 Verkäufe pro Tag! Wie hoch war denn die Verkaufssumme?«

Junger Mann: »228.149,45 Euro.«

Der Personalchef ist zuerst sprachlos, dann: »228.149,45 Euro? Was haben Sie denn verkauft?«

Junger Mann: »Zuerst habe ich dem Mann einen kleinen Angelhaken verkauft, dann habe ich ihm einen mittleren Angelhaken verkauft. Dann verkaufte ich ihm einen noch größeren Angelhaken und schließlich verkaufte ich ihm eine neue Angelrute. Dann fragte ich ihn, wo er denn eigentlich zum Angeln hinwollte, und er sagte: ›Hoch an die Küste‹. Also sagte ich ihm, er würde ein Boot brauchen. Wir gingen also in die Bootsabteilung, und ich verkaufte ihm diese doppelmotorige Seawind. Er bezweifelte, dass sein Honda Civic dieses Boot würde ziehen können, also ging ich mit ihm rüber in die Automobilabteilung und verkaufte ihm diesen Pajero mit Allradantrieb.«

Personalchef: »Sie wollen damit sagen, ein Mann kam zu ihnen, um einen Angelhaken zu kaufen, und Sie haben ihm gleich mehrere Haken, eine neue Angelrute, ein Boot und einen Geländewagen verkauft?«

Junger Mann: »Nein, nein, er kam her und wollte eine Packung Tampons für seine Frau kaufen, also sagte ich zu ihm: ›Nun, wo Ihr Wochenende doch sowieso langweilig wird, könnten Sie ebenso gut Angeln fahren.‹«

In einem Büro klingelt das Telefon. Ein *Angestellter* hebt ab und fragt: »Welcher Idiot erfrecht sich, mich in der Mittagspause anzurufen?«

Da brüllt der Anrufer: »Wissen Sie eigentlich, mit wem Sie sprechen? Ich bin der Generaldirektor!«

Der Angestellte erwidert: »Wissen Sie eigentlich, mit wem Sie sprechen?«

Der Generaldirektor antwortet verdutzt: »Nein.«

Worauf der Angestellte sagt: »Na, dann habe ich ja Glück gehabt!«, und legt auf.

»Angeklagter, warum haben sie das Auto gestohlen?« – »Ich musste schnell zur Arbeit, Herr Richter.« – »Sie hätten doch den Bus nehmen können!« – »Für den habe ich doch keinen *Führerschein*!«

Eine ältere Dame geht in eine Bank und will dort ein Sparbuch eröffnen und gleich 1.000 Euro einzahlen.
Dame: »Ist mein Geld bei Ihnen auch sicher?«
Kassierer: »Natürlich!«
Dame: »Und was ist, wenn Sie Pleite machen?«
Kassierer: »Dann kommt die Landeszentralbank für Ihr Geld auf!«
Dame: »Und was, wenn die Pleite machen?«
Kassierer: »Dann kommt die Bundesbank dafür auf!«
Dame: »Und wenn die auch Pleite macht?«
Kassierer: »Dann tritt die *Bundesregierung* zurück! – Und das sollte Ihnen nun wirklich die 1.000 Euro wert sein!«

Eine ältere Dame hebt am Bankschalter ihr ganzes *Geld* ab: 2.000 Euro. Nach zehn Minuten kommt sie wieder und zahlt alles wieder ein. »Warum haben Sie denn das Geld überhaupt abgehoben?«, will der Kassierer wissen. »Ich wollte nur schauen, ob noch alles da ist!«

Im Dorf ist die *Bank* schon zum fünften Mal überfallen worden. Der ermittelnde Polizist fragt den Kassierer: »Ist Ihnen an dem Täter etwas Außergewöhnliches aufgefallen?« – »Aber ja«, sagt der Kassierer. »Der Mann war von Mal zu Mal besser gekleidet.«

Ein Mann kommt ziemlich spät von der Arbeit nach Hause, als ihm plötzlich einfällt, dass seine Tochter Geburtstag hat. Also stürmt er schnell noch in ein Spielwarengeschäft, und sagt zur Verkäuferin: »Ich hätte gerne eine *Barbie-Puppe*.« Die Verkäuferin fragt, welche es denn sein soll: »Wir haben:
1) ›Barbie geht einkaufen‹ für 18,95 Euro,
2) ›Barbie geht an den Strand‹ für 18,95 Euro,
3) ›Barbie geht zum Opernball‹ für 18,95 Euro,
4) ›Barbie fährt in den Urlaub‹ für 18,95 Euro und
5) ›Barbie ist geschieden‹ für 356,00 Euro.«
»Was soll denn das«?, fragt der Mann, »alle Barbies kosten 18,95 Euro, nur ›Barbie ist geschieden‹ kostet 356,00 Euro?« – »Ja«, sagt die Verkäuferin, »bei ›Barbie ist geschieden‹ ist ja auch noch ›Kens Haus‹, ›Kens Boot‹, ›Kens Auto‹ und ›Kens Motorrad‹ dabei.«

Der neue Angestellte steht ratlos vor dem *Reißwolf*. »Kann ich ihnen helfen?«, fragt eine Kollegin. – »Ja, wie funktioniert das Ding hier?« – »Ganz einfach«, sagt sie, nimmt ihm die Mappe aus der Hand und führte die Blätter einzeln in den Schlitz ein. »Aha, und wo kommen jetzt die Kopien raus?«

Drei *Manager* unterhalten sich über ihre Laster. Sagt der erste: »Ich bin sexsüchtig, ich kann an keinem Bordell vorbeigehen.« Meint der zweite: »Bei mir ist es das Glücksspiel! Was meint ihr, wie viel Firmengeld ich schon im Casino verspielt habe.« Der dritte: »Ich habe eigentlich auch nur eine Schwäche: Ich kann einfach nichts für mich behalten!«

Zwei Burschen gehen von einer Halloween-Party nach Hause und beschließen, die Abkürzung über den *Friedhof* zu nehmen. Schließlich passt das gerade richtig in die Stimmung. Mitten zwischen den Gräbern hören sie plötzlich ein Klopfen im Dunkeln. Ängstlich laufen sie weiter und sehen schließlich einen alten Mann, der mit Hammer und Meißel einen Grabstein bearbeitet. Nachdem der erste sich wieder erholt hat, sagt er zu dem Mann: »Also, Sie haben uns fast zu Tode erschreckt, wir dachten schon, Sie wären ein Geist! Aber was machen Sie hier eigentlich mitten in der Nacht?« – »Die haben meinen Namen falsch geschrieben!«

»Übrigens, wie viele Männer hast du eigentlich vor mir als *Partner* gehabt?«, rutscht es ihm so heraus. Sie schweigt. »Verzeih mir«, fleht er. »Eine dumme Frage, ich weiß, bitte vergiss es.« Nach einer Stunde schweigt sie immer noch. »Bist du mir noch böse?«, fragt er ängstlich. »Unsinn!«, antwortet sie. »Ich zähle.«

Das Ehepaar Klesterer hat sich fürchterlich gestritten und jetzt reden sie nicht mehr miteinander. Beim Abendessen schiebt Herr Klesterer seiner Frau einen

Zettel zu. Darauf steht: Habe morgen einen wichtigen *Termin* bei der Arbeit. Bitte weck mich um 9.00 Uhr! Am nächsten Morgen wacht Herr Klesterer auf und es ist schon 10.30 Uhr! Neben ihm liegt ein Zettel: Es ist 9.00 Uhr. Du musst jetzt aufstehen!

Ein Mann geht im Central Park in New York spazieren. Plötzlich erblickt er ein Mädchen, das von einem Kampfhund angegriffen wird. Er läuft hin und beginnt einen wilden Kampf mit dem Hund. Endlich kann er den Hund töten, das Mädchen befreien und so ihr Leben retten. Ein Polizist hat die Situation beobachtet. Er geht zu dem Mann hin, klopft ihm auf die Schultern und sagt: »Sie sind ein Held! Morgen wird in der Zeitung stehen: Mutiger New Yorker rettet Mädchen das Leben!«
Der Mann schüttelt den Kopf und antwortet: »Ich bin kein New Yorker!« – »Oh«, erwidert der Polizist, »dann steht morgen in der Zeitung: ›Mutiger Amerikaner rettet Mädchen das Leben!‹« Wieder schüttelt der Mann den Kopf: »Ich bin kein Amerikaner!« – »Was sind Sie dann?« – »Ich bin Pakistani.« Am nächsten Tag steht folgende Schlagzeile in der Zeitung: »Islamischer *Extremist* tötet amerikanischen Hund. Verbindungen zu Terrornetzwerk vermutet.«

Jeden Morgen kaufte ein Mann in der *DDR* am Kiosk das ›Neue Deutschland‹, blickte auf die erste Seite und warf die Zeitung dann in den Papierkorb. Eines

Tages fragte ihn der Zeitungsverkäufer: »Ich verstehe Sie nicht, Sie werfen nicht mal einen Blick auf die Lokalseite oder die Sportberichte. Warum kaufen Sie überhaupt die Zeitung?« – »Wegen der Todesanzeigen.« – »Aber die stehen doch auf der vorletzten Seite.« – »Die, die mich interessiert, steht auf der ersten Seite!«

Bei seinem Firmenrundgang wird der Besucher zu einer Maschine geführt, die Sauger für Babyflaschen herstellt. Diese gibt monoton »schi-pop-schi-pop« von sich. Dem Besucher wird erklärt: »Das ›schi‹ ist, wenn der Sauger in Form gebracht wird, und das ›pop‹ erzeugt die Nadel, die das Loch sticht.« Ein wenig später kommen sie zu einer Maschine, die *Kondome* herstellt: »Schi-schi-schi-pop-schi-schi-schi-pop.« – »Nun, das ›schi‹ verstehe ich ja, aber was hat nun hier das ›pop‹ zu bedeuten?«, fragt der Besucher. »Das ›pop‹ ist die Nadel, die in jedes vierte Kondom ein Loch sticht«, schmunzelt der Angestellte. »Aber das kann doch nicht gut für den Kondomabsatz sein?« – »Nein, aber es ist genial fürs Babyflaschensaugergeschäft!«

Der alte Kohn, Inhaber eines kleinen Ladens, liegt im Sterben. Sein Augenlicht ist bereits fast ganz erloschen, die Familie umsteht ehrfürchtig sein Lager. Mit letzter Kraft beginnt Kohn noch einmal zu sprechen: »Judith, mein Weib, bist du da?« – »Ja, Kohn!« – »David, mein Sohn, bist du da?« – »Ja, Vater!« – »Lea, meine Tochter, bist du da?« – »Ja, Vater!« – »Sarah, meine Tochter, bist du da?« – »Ja, Vater!« Da richtet sich der Alte mit letzter Kraft auf und schreit: »Und wer ist im *Geschäft*?«

Eine Firma bekommt einen neuen *Chef*, der für seine Härte bekannt ist und keinen duldet, der nicht 120 Prozent bei der Arbeit gibt. Also wird er am ersten Tag durch die Büros geführt und sieht, wie ein Mann sich gegen die Wand im Flur lehnt. Alle Mitarbeiter können ihn sehen und der Chef denkt, hier hat er eine gute Gelegenheit, um zu zeigen, dass er Faulheit nicht dulden wird. Er geht zu dem Mann hin und fragt ganz laut: »Wie viel verdienen Sie in der Woche?« Ein bisschen überrascht antwortet der Mann: »300 Euro die Woche, wieso?« Der Chef holt seine private Geldbörse heraus, gibt ihm 600 Euro und schreit ihn an mit den Worten: »Okay, hier ist Ihr Lohn für zwei Wochen, nun hauen Sie ab und kommen Sie nie wieder hierher!« Der Chef fühlt sich toll und fragt die anderen Mitarbeiter: »Kann mir jemand sagen, was dieser faule Sack hier gemacht hat?« Mit einem Lächeln im Gesicht sagt einer der Mitarbeiter: »Pizza geliefert!«

Während Martin über ein Jahr auf See war, hat Irina ein *Baby* bekommen. Fragt er: »Von wem ist das Kind? Von Angelo?« – »Nein.« – »Von Stefan?« – »Nein.« Da brüllt er: »Meine Freunde sind dir wohl nicht mehr gut genug, was?«

Du fährst mit dem Auto und hältst eine konstante Geschwindigkeit. Auf deiner linken Seite befindet sich ein Abhang. Auf deiner rechten Seite fährt ein riesiges Feuerwehrauto und hält die gleiche Geschwindigkeit wie du. Vor dir galoppiert ein Schwein, das eindeutig größer ist als dein Auto und du kannst nicht vorbei. Hinter dir verfolgt dich ein Hubschrauber auf Bodenhöhe. Das Schwein und der Hubschrauber haben exakt deine Geschwindigkeit! Was unternimmst du, um dieser Situation gefahrlos zu entkommen?

Vom *Kinderkarussell* absteigen und weniger Glühwein trinken!

Zwei Freunde haben beschlossen, *Junggesellen* zu bleiben. Nach vielen Jahren treffen sie einander wieder – hat der eine doch geheiratet. »Warum hast du denn jetzt doch geheiratet?«, wundert sich der andere. »Weißt du, jeden Abend ins Wirtshaus gehen, betrunken sein, Bordelle besuchen, das hat mir einfach keine Freud' mehr g'macht!« – »Na und jetzt?« – »Jetzt macht's mir wieder Freud'!«

»Herr Doktor, ich habe in letzter Zeit so Probleme mit meinem *Gedächtnis*!« – »Und seit wann haben Sie das?« – »Seit wann habe ich was?«

Einige Männer plaudern gelassen in der Sauna, als ein *Handy* klingelt. »Hallo Schatz, ich bin gerade vor einer Boutique. Die haben einen Nerzmantel ausgestellt zu einem unglaublichen Preis! Was meinst du, soll ich ihn kaufen?« Der Mann überlegt kurz: »Okay, kauf ihn ruhig!« – »Oh danke, Liebster. Übrigens, auf dem Weg hierher habe ich beim Mercedes-Autohaus das neueste Coupé gesehen. Weißt du, Lederinterieur, Klimaanlage usw., nur 150.000 Euro. Ich will dich ja nicht ausnützen, aber was meinst du dazu?« – »Na ja, wenn du so eine Freude hast, kauf den Wagen!« – »Vielen, vielen Dank. Apropos, weißt du noch, als wir an der Côte d´Azur in den Ferien waren, das Haus auf dem Hügel mit Schwimmbad und Tennisplatz? Wir könnten es haben, die verkaufen es jetzt – für nur zwei Millionen Euro. Ein echtes Schnäppchen!« – »Na gut, kauf auch das Haus!« – »Liebster, du bist ja so einen Schatz! Das ist der schönste Tag meines Lebens. Ich liebe dich. Bis heute Abend.« – »Bis heute Abend, Schatz.«

Der Mann schaltet das Handy ab, beginnt damit herumzuwinken und schreit: »Wem gehört das?«

Meine Freundin und ich planen, zu heiraten. Meine Freundin ist eine Traumfrau. Da ist aber etwas, das mich beunruhigt: Ihre jüngere Schwester, 20 Jahre alt, trägt Minis und weit ausgeschnittene T-Shirts. Immer wenn sie in meiner Nähe ist, gestattet sie mir Einblick in ihre Unterwäsche und in ihren Ausschnitt. Das macht sie bei niemandem sonst, nur bei mir.

Eines Tages rief mich die Schwester an, um mit mir einen Termin abzumachen. Sie wollte über die Planung der Hochzeit, Gästeliste usw. sprechen. Als ich bei ihr ankam, war sie alleine zu Hause. Sie flüsterte mir ins Ohr, sie wolle nur ein einziges Mal vor der Hochzeit mit mir schlafen. Wirklich nur ein einziges Mal. Sie sei total scharf auf mich. Niemand würde je davon erfahren, danach würde sie wieder die brave kleine Schwester sein. Ich war total schockiert.

Sie sagte, sie würde jetzt die Treppe hochgehen. Wenn ich es ebenso wie sie wolle, solle ich ihr einfach ins Schlafzimmer folgen. Oben angekommen warf sie mir ihr Höschen entgegen und verschwand im Schlafzimmer. Ich sagte kein Wort, verließ das Haus und ging zu meinem Auto. Draußen tauchte auf einmal mein zukünftiger Schwiegervater auf, umarmte mich und sagte in Tränen: »Wir sind so glücklich, dass du unseren kleinen Test bestanden hast. Wir können uns keinen besseren Mann für unsere große Tochter wünschen. Willkommen in der Familie.« Und die Moral dieser Geschichte? Bewahre deine *Kondome* immer im Auto auf!

Ilse und Ludwig sind beide Patienten in einer *Nervenheilanstalt*. Eines Tages, als sie beim Spazierengehen am Pool vorbeikommen, springt Ludwig plötzlich ins tiefere Ende des Pools. Er sinkt wie ein Stein zu Boden und bleibt dort. Ilse springt sofort nach, um ihn zu retten. Sie taucht hinab und zieht Ludwig heraus.

Als der Chefpsychiater von dieser heldenhaften Tat erfährt, beantragt er sofort die Entlassung von Ilse, da er sie nun für geistig völlig stabil und zurechnungsfähig hält. Er sagt zu ihr: »Ilse, ich habe eine gute und eine schlechte Nachricht. Die gute Nachricht ist, du wirst aus der Nervenheilanstalt entlassen. Da du fähig warst, einem anderen Patienten das Leben zu retten, denke ich, dass du deine mentale Funktionstüchtigkeit wieder zurückerlangt hast. Die schlechte Nachricht ist, dass Ludwig, der Patient, den du gerettet hast, sich kurz danach im Badezimmer erhängt hat, mit dem Gürtel seines Anzugs. Es tut mir leid, er ist tot.« Ilse antwortet: »Er hat sich nicht selbst aufgehängt, ich hab ihn dort hingehängt, zum Trocknen.«

Kommt eine ältere Dame zum Arzt und sagt: »Herr Doktor, ich leide schon seit Tagen unter starken *Blähungen*. Das Gute daran ist allerdings, man kann sie nicht hören und sie riechen auch nicht. Seit ich hier bei Ihnen im Zimmer bin, habe ich bestimmt schon 20 Mal gebläht; das ist mir zwar sehr peinlich, andererseits kann man sie ja nicht hören und auch nicht riechen.« Der Arzt verschreibt der alten Dame ein paar Tabletten.
Eine Woche später kommt sie wieder zum Arzt und sagt: »Herr Doktor, was haben Sie mir da für Pillen verordnet, meine Püpse stinken jetzt wie die Pest!« Darauf der Doktor: »Gut, Ihre Nase funktioniert wieder, jetzt brauchen wir nur noch was für Ihr Gehör!«

Eine Frau soll gesteinigt werden. *Jesus* tritt vor die Menge und sagt: »Wer von euch ohne Sünde ist, werfe den ersten Stein!« Plötzlich kommt ein riesiger

Brocken geflogen und trifft die Frau am Kopf. Jesus dreht sich um und meint: »Mutter, ich habe dir doch verboten, zu meinen Predigten zu kommen!«

Der Personalchef interessiert sich besonders für den Familienstand. »Ich bin *Junggeselle*«, antwortet der Bewerber. »Dann ist leider nichts zu machen«, meint der Personalchef, »denn wir stellen nur Leute ein, die es gewohnt sind, sich unterzuordnen!«

»Was ist *Betrug*?«, lautet die erste Prüfungsfrage des Professors an den Jurastudenten. »Betrug ist, wenn Sie mich durchfallen lassen.« – »Wieso denn das?« – »Weil sich nach dem Strafgesetzbuch derjenige des Betruges schuldig macht, der die Unwissenheit eines anderen ausnützt, um diesen zu schädigen.«

Ein Ganove plant den Coup seines Lebens. Er will nachts in eine Bank einbrechen. Mit List und Tücke überwindet er die erste Sicherheitsbarriere, als er vor einem kleinen Tresor steht. Er knackt ihn und findet zwei Joghurts! Da er kein Kostverächter ist und das Kreditinstitut auf jeden Fall schädigen will, löffelt er die beiden aus und begibt sich zur zweiten Sicherheitsebene und knackt auch den zweiten Tresor und findet 14 Joghurts!
»Egal«, denkt er sich und löffelt auch diese aus. Fast gesättigt begibt er sich zur dritten Sicherheitsebene, knackt auch da den Tresor und findet 30 Joghurts. »Die Kreditinstitute sind auch nicht mehr

das, was sie mal waren«, schimpft er. Aber auch diese verzehrt er. Mit vollem Bauch und reichlich Völlegefühl wankt er nach Hause und legt sich verärgert schlafen. Am nächsten Morgen weckt ihn sein Radiowecker um Punkt 6.30 Uhr: »Frankfurt: Gestern Nacht brach ein Verrückter in die ›Samenbank AG‹ ein und ...«

Am Anfang der *Klausur* sagt der Professor: »Sie haben genau zwei Stunden Zeit. Danach werde ich keine weiteren Arbeiten mehr annehmen.« Nach zwei Stunden ruft der Professor: »Schluss, meine Damen und Herren!« Trotzdem kritzelt ein Student wie wild weiter!
Eine halbe Stunde später, der Professor hat die eingesammelten Arbeiten vor sich liegen, will auch der letzte seine Papiere noch abgeben, aber der Professor lehnt ab. Bläst sich der Student auf: »Herr Professor, wissen Sie eigentlich, wen Sie vor sich haben?« – »Nein«, meint der Professor, »wen denn?« – »Großartig«, sagt der Student, und schiebt seine Arbeit mitten in den Stapel.

Nachdem der *Frauenarzt* die junge Dame gründlich untersucht hat, sagt er: »Nun, gnädige Frau, wenn Sie heute Abend Ihren Mann sehen ...« – »Ich bin nicht verheiratet, Herr Doktor!« – »Nun also, wenn Sie dann eben Ihren Verlobten sehen ...« – »Ich bin auch nicht verlobt.« – »Auch gut, dann eröffnen Sie eben Ihrem Freund ...« – »Ich habe keinen Freund,

Herr Doktor, und überhaupt habe ich in meinem ganzen Leben noch nie etwas mit einem Mann zu tun gehabt!« Da steht der Arzt nachdenklich auf, geht zum Fenster und schaut hinaus. Bis die Patientin fragt: »Herr Doktor, warum schauen Sie denn so angespannt aus dem Fenster?« Sagt der Arzt: »Ich warte. Das letzte Mal, als so etwas passierte, ging ein Stern im Osten auf.«

In der Nachkriegszeit saß eine ältere Dame in einem Zugabteil einem jungen Amerikaner, der *Kaugummi* kaute, gegenüber. »Es ist lieb, dass Sie sich mit mir unterhalten wollen, aber Sie müssen lauter sprechen, ich höre schon sehr schlecht!«

Ein Gast beschwert sich beim Kellner über die *Wurst*: »Die Zipfel stören mich!« Der Kellner ist erstaunt: »Aber jede Wurst hat doch zwei davon!« – »Das schon«, meint der Gast, »aber bei dieser sind sie so dicht zusammen!«

Ein Mann kommt spät abends aus seiner *Stammkneipe* nach Hause. Durch den Lärm wacht seine Frau auf und fragt ihn, was er denn für einen Lärm macht.
Er: »Die Schuhe sind umgefallen.«
Sie: »Das macht doch nicht so einen Krach.«
Er: »Ich stand noch drin.«

In der Mensa im *Krankenhaus* sitzen zwei junge Turnusärzte zusammen: Sagt der eine: »Du, die neue

Krankenschwester, mit der ich gestern gemeinsam Nachtdienst hatte, süß, einfach Zucker, sag ich dir!«
Einen Tisch weiter unterhalten sich zwei Oberärzte: »Du, der neue BMW, den ich mir jetzt gekauft habe, Ledersitze, Klimaanlage, einfach großartig!«
Am dritten Tisch sitzen zwei alte Primarärzte. Sagt der eine zum anderen: »Stell dir vor, gestern hab' ich wieder Stuhl gehabt!«

Ein am Hungertuch nagender *Mathematiklehrer* sieht einen ehemaligen Schüler aus einem edlen, teuren Sportwagen aussteigen und fragt ihn, wie er zu diesem Wohlstand gekommen sei, wo er doch nie hat rechnen können.
Der ehemalige Schüler erklärt ihm: »Ich kaufe Holzkisten für 3 Euro ein und verkaufe sie wieder für 30 Euro. Und von diesen zehn Prozent lebe ich ganz gut.«

Petrus und der liebe Gott einigen sich darauf, künftig nur noch Fälle aufzunehmen, die eines besonders spektakulären Todes gestorben sind. Es klopft an der *Himmelstür*. Petrus: »Nur noch außergewöhnliche Fälle, also erzähle mir bitte, wie du gestorben bist!« Der Verstorbene: »Also, ich dachte schon immer, meine Frau betrügt mich. Daher komme ich überraschend drei Stunden früher von der Arbeit – renne wie wild die sieben Stockwerke zu meiner Wohnung hinauf, reiße die Tür auf, suche wie ein Wahnsinniger die ganze Wohnung ab. Und –

auf dem Balkon finde ich einen Kerl, der hängt außen am Geländer. Ich hole einen Hammer, schlage dem Nebenbuhler auf die Finger, der lässt los, fällt hinunter und … landet direkt auf einem Strauch und steht gleich wieder auf. Ich laufe in die Küche, hebe mit aller Kraft die Tiefkühltruhe in die Höhe und werfe sie vom Balkon. Volltreffer, ha! Doch von all dem Stress bekomme ich einen Herzinfarkt und sterbe!« – »Okay«, sagt Petrus, »du darfst rein.«

Kurz darauf klopft es wieder. »Nur außergewöhnliche Fälle!«, sagt Petrus. »Kein Problem«, sagt der Verstorbene: »Ich streiche gerade die Außenseite meines Balkons, verliere das Gleichgewicht und stürze ab, habe aber Glück und kann mich in wirklich letzter Sekunde ein Stockwerk tiefer am Geländer festhalten. ›Meine Güte‹, denke ich, ›was für ein Glück, ich lebe noch.‹ Da kommt plötzlich ein Verrückter und schlägt mir mit dem Hammer auf die Finger, ich stürze ab, lande aber auf einem Strauch und denke: ›Das gibt es nicht, zum zweiten Mal überlebt!‹ Ich schau nach oben und da fliegt mir eine Tiefkühltruhe entgegen und erschlägt mich!« – »Okay«, sagt Petrus, »rein in meinen Himmel.«

Und schon wieder klopft es an der Himmelstür. »Nur außergewöhnliche Fälle!«, sagt Petrus. »Also, wie ich hierherkomme, weiß ich auch nicht!«, sagt der Verstorbene, »ich war gerade bei meiner Geliebten, kommt ihr Ehemann früher nach Hause und ich verstecke mich rasch in der Tiefkühltruhe …!«

Vier Studenten der Universität Wien waren so gut in organischer Chemie, dass sie alle ihre Tests, Klausuren und Übungen bisher in diesem Semester mit »Sehr gut« bestanden haben. Sie waren sich so sicher, die *Abschlussprüfung* zu schaffen, dass sie sich entschlossen, das Wochenende vor der Prüfung nach Salzburg zu fahren, wo einige Freunde eine Party schmissen. Sie amüsierten sich gut. Nach heftigem Feiern verschliefen sie den ganzen Sonntag und schafften es nicht am Montagmorgen – dem Tag der Prüfung – rechtzeitig wieder zurück in Wien zu sein.

Die vier Studenten erklärten ihrem Professor, sie hätten in Salzburg ein wenig in den Archiven der Universität geforscht und geplant, früh genug zurück zu sein, aber sie hätten auf dem Rückweg einen Platten gehabt und keinen Wagenheber dabei und es hätte ewig gedauert, bis ihnen jemand geholfen hätte. Deswegen seien sie erst jetzt angekommen! Der Professor dachte darüber nach und erlaubte ihnen dann, die Abschlussprüfung am nächsten Tag nachzuholen.

Die Studenten waren unheimlich erleichtert und froh. Sie lernten die ganze Nacht durch, und am nächsten Tag kamen sie pünktlich zum ausgemachten Zeitpunkt zum Professor. Dieser setzte jeden Studenten in einen anderen Raum, gab ihnen die Aufgaben. Die 1. Aufgabe brachte fünf Prozentpunkte. Es war etwas Einfaches über eine Radikal-Reaktion. »Cool«, dachten alle vier Studenten in ihren

separaten Räumen, »das wird eine leichte Prüfung.«
Jeder von ihnen schrieb die Lösung der 1. Aufgabe
hin und drehte das Blatt um: »2. Aufgabe 95 Prozentpunkte: Welcher Reifen war platt?«

Ein *Mafiaboss* lässt seine ›Mitarbeiter‹ kommen und
stellt einem nach dem anderen eine Frage. Zum ersten: »Was gibt 2 x 6?«
1. Mafiosi: »Natürlich gibt das 5!«
Boss: »Nein, leider falsch!«
Zum zweiten: »Was gibt 2 x 6?«
2. Mafiosi: »Hmmmm, 13 vielleicht?«
Mafiaboss: »Nein, das ist auch nicht richtig!«
Zum dritten: »Weißt du, was 2 x 6 gibt?«
3. Mafiosi: »Ja, das gibt 12.«
Ohne zu zögern nimmt der Mafiaboss seine Pistole
und erschießt den dritten Mafiosi. Da fragen ihn die
anderen: »Warum hast du ihn erschossen?«
Darauf der Mafiaboss: »Er hat zu viel gewusst!«

Kongress der *Witzerzähler*: Ein Mann ist zum ersten
Mal bei dem Kongress, sitzt im Auditorium und
wartet gespannt auf die Beiträge. Da hört er aber
nur, wie die Leute auf der Bühne sagen: »63«, »127«,
»88« und alle lachen immer lauthals. Er fragt einen
Nachbarn, was das soll. Dieser erklärt: »Schauen
Sie, da wir ohnedies alle Witze kennen, haben wir
sie nummeriert und aus Zeitgründen sagen wir nur
noch die Nummer!« Plötzlich hört er, wie nach
»314« einer nicht aufhört zu lachen! »Was ist jetzt?«,

fragt er seinen Nachbarn wieder. »Der hat den noch nicht gekannt!«

Schließlich fasst er Mut und geht auch auf die Bühne: »85!« Keiner lacht. »128!« Wieder lacht keiner. Ein Versuch noch: »81!« Wieder lacht keiner. Betrübt geht er auf seinen Platz zurück. Klopft ihm sein Nachbar tröstend auf die Schulter: »Ja, wissen's, richtig erzählen muss man sie auch können!«

Neulich auf hoher See von Funkstation an Funkstation. Es ist kalt, stürmisch und dunkel.

Station 1 an Station 2: »Bitte ändern Sie Ihren Kurs um 15 Grad nach Norden, um einen Zusammenstoß zu verhindern.«

Station 2: »Ganz im Gegenteil, wir empfehlen, dass Sie Ihren Kurs 15 Grad nach Süden ändern, um einen Zusammenstoß zu verhindern.«

Station 1: »Hier spricht der Kapitän eines US-Kriegsschiffes. Ich wiederhole: Ändern Sie Ihren Kurs!«

Station 2: »Nein, ich wiederhole: Sie ändern Ihren Kurs.«

Station 1: »Dies ist der Flugzeugträger USS Enterprise, wir sind ein großes Kriegsschiff der US-Marine. Ändern Sie Ihren Kurs. Sofort!«

Station 2: »Nein, wir ändern unseren Kurs nicht – wir sind ein *Leuchtturm*!«

Mercedes will die neue *A-Klasse* jetzt tiefer legen. Dann kann man in Zukunft unter einem Elch hindurchfahren.

Wie nennt ein *A-Klasse*-Fahrer liebevoll sein Auto? –
Purzel.

Eine alte Frau zieht im Zug einen Beutel mit Hasel-
nüssen aus der Tasche und bietet dem gegenübersit-
zenden Geschäftsmann welche an. Der greift natürlich gern zu und isst ein paar. So geht das während
der ganzen Fahrt, die Frau selbst isst keine. Schließlich sagt der Geschäftsmann: »Ich kann doch nicht
Ihre ganzen Nüsse essen. Sie haben doch sicher nur
eine kleine Rente!«
Darauf antwortet die Oma: »Ach wissen Sie, ich esse
ja diese *Toffifee* für mein Leben gern, mit dieser
Schokolade und dem Karamell. Nur die Nüsse, die
kann ich einfach nicht mehr beißen.«

Eine junge *Nonne* fährt per Anhalter. Der Fahrer findet sie sehr sexy und nähert seine Hand ihrem Knie.
Da flüstert sie: »Psalm neunzig, Vers fünf!« Verstört
hält der Fahrer inne und versucht es gar nicht mehr.
Stunden später, allein zu Hause, schlägt er die Bibel
auf und liest: »Du bist auf dem richtigen Weg!«

Die hübsche Studentin zum Professor: »Glauben Sie
mir, ich würde alles tun, um dieses *Examen* zu be-
stehen. Ich meine wirklich alles.« Der Professor
hakt nach: »Wirklich alles?« Sie beugt sich zu ihm
und blickt ihm tief in die Augen, wobei sie haucht:
»Alles.« Da fragt er im Flüsterton: »Würden Sie
lernen?«

Ein Lkw der *Bundeswehr* bleibt im tiefen Schlamm stecken. Doch der Fahrer hat Glück, denn neben ihm hält ein Jeep mit vier Offizieren. Gemeinsam gelingt es ihnen, unter letzter Kraftaufbietung, den Wagen freizubekommen.

»Ein hartes Stück Arbeit«, bemerkt einer der helfenden Offiziere, »was haben Sie denn geladen?« – »26 Rekruten.«

»Kennen wir uns nicht?«, begrüßt der *Professor* den aufgeregten Studenten bei der mündlichen Prüfung. »Ja, Herr Professor, vom letzten Mal. Da habe ich nicht bestanden.« – »Gut. Wie lautete denn das letzte Mal die erste Frage?«, will der Professor wissen. »Kennen wir uns nicht?«

Anrufer: »Seit ich *Windows Vista* installiert habe, stürzt Office XP ständig ab.«
Hotline: »Ja, wir hatten hier das gleiche Problem.«
Anrufer: »Und, was haben sie da gemacht?«
Hotline: »Wir haben Windows Vista nochmals installiert.«
Anrufer: »O. K., dann mach ich das jetzt auch.«
Eine Stunde später ruft er noch einmal an.
Anrufer: »Jetzt läuft bei mir gar nichts mehr.«
Hotline: »Genau wie bei uns.«

Ein Student der *Psychologie* fragt den Professor: »Wie stellen Sie eigentlich fest, ob jemand verrückt ist?« – »Zum Beispiel so«, meint der Professor. »Wir führen die Person in ein Zimmer, in dem sich eine Badewanne voll Wasser befindet, und zeigen ihr drei Gegenstände: einen Eimer, eine Kaffeetasse und einen Kaffeelöffel. Dann bitten wir die Person zu entscheiden, wie sie am besten die Wanne leert.« – »Ah, verstehe«, sagt der Student eifrig. »Die Normalen nehmen natürlich den Eimer, um die Wanne leer zu schöpfen, da dieser ja viel größer ist als Tasse oder gar Löffel.« – »Nein«, antwortet der Professor. »Die Normalen ziehen den Stöpsel.«

Quizmaster: »Wer schoss 1974 bei der Weltmeisterschaft im Endspiel gegen Holland das 2:1 für Deutschland?«
Kandidat: »Gerd Müller.«
Quizmaster: »Richtig! Wie viele Zuschauer waren da?«
Kandidat: »76.000.«
Quizmaster: »Richtig! Wenn Sie jetzt auch noch die dritte Frage beantworten, gehört Ihnen das Auto. Wie hießen die Zuschauer?«

Frage an *Radio Eriwan*: »Stimmt es, dass Grigori Grigoriewitsch Gregoritsch bei der Allunions-Meisterschaft in Moskau einen Tschaika (ein sowjetisches Luxusauto) gewonnen hat?«
Antwort: »Im Prinzip ja. Aber erstens war es nicht Grigori Grigoriewitsch Gregoritsch, sondern Wladimir Wassiljewitsch Wassiljew. Zweitens war es nicht bei der Allunions-Meisterschaft in Moskau, sondern beim Kolchos-Sportfest in Gamsatschiman. Drittens

war es kein Tschaika, sondern ein Fahrrad. Und viertens hat er es nicht gewonnen, sondern es wurde ihm geklaut.«

Morgens im Regionalzug. Ein Fahrgast fragt den anderen: »K-k-können Sie m-mir sagen, w-w-w-wie spät es ist?« Der Angesprochene gibt keinen Ton von sich. Darauf der erste noch mal: »Hallo, ich w-w-wollte von Ihnen g-g-gerne wissen, wie spät e-e-es ist!« Der andere sagt nix! An der nächsten Station steigt der *Stotterer* aus.
Da sagt ein anderer Fahrgast zum Schweiger: »Sie hätten dem armen Kerl ja nun wirklich die Zeit sagen können!« Darauf sagt dieser: »Na hö-hö-hören Sie m-m-mal! Ich w-w-will doch k-k-k-keine gescheu-scheu-scheuert bek-k-kommen!«

Treffen sich zwei Freunde nach langen Jahren wieder. Fragt der eine: »Wie geht es dir denn so?« – »Ga-gagaaanz gut gut«, sagt der andere. »Ja, mein Lieber, du stotterst ja immer noch so schrecklich. Pass mal auf, ich kenne da eine Sprachschule, speziell für Stotterer; da musst du mal hingehen.« Nach ein paar Wochen treffen sie einander wieder, und der Freund fragt den *Stotterer*: »Wie war's denn, erzähl mal.« Beginnt der Stotterer: »Fischers Fritz fischt frische Fische, frische Fische fischt Fischers Fritz!« Sagt der Freund: »Ist ja Spitze, einfach toll, ganz ohne zu stottern.« Sagt der Stotterer: »J-ja-a, a-a-ber da-da-dass bra-brau-braucht ma-man so-o s-se-elten!«

Ein kleiner Mann sitzt traurig bei einem Bier in der Kneipe. Da kommt ein grobschlächtiger Kerl, haut dem Kleinen auf die Schulter und trinkt dessen Bier aus. Der Kleine fängt an zu weinen.

Der Große: »Reg dich ab, du Weichei! Heult wegen eines Bieres!« Der Kleine: »Na, dann pass mal auf: Heute früh hat mich meine Ehefrau verlassen, alles Geld abgehoben, das Haus leer geräumt! Danach habe ich meinen Job verloren! Ich wollte nicht mehr leben, legte mich aufs Gleis … Umleitung! Wollte mich aufhängen … Strick gerissen! Wollte mich erschießen … Revolverhahn klemmt! Und nun kaufe ich vom letzten Geld ein Bier, kippe *Gift* rein und du säufst es mir weg.«

Ein überzeugter *Atheist*, der gerade gestorben ist, findet sich selbst auf einmal in einem dunklen Gang wieder. Er entdeckt ein Schild: »Zur Hölle«. Er hat keine andere Wahl und trifft nach geraumer Zeit an eine Tür, die nicht verschlossen ist. Der Atheist betritt die Hölle und traut seinen Augen nicht. Heller Sonnenschein, angenehme Temperaturen, Palmen, Meeresstrand, alle 100 Meter eine Strandbar, fröhliche Menschen tummeln sich, kurzum, paradiesische Verhältnisse.

Der Atheist holt sich einen Drink und schlendert am Strand entlang, um die Hölle weiter zu erkunden. Zwischen den Dünen entdeckt er ein großes, tiefes Loch. Neugierig blickt er in die Tiefe und erschrickt fürchterlich. Er sieht am tiefen Grund von diesem

Loch wimmernde, unbekleidete Menschen. Es lodert ein heißes Feuer und wilde Bestien schlagen auf die Körper der Menschen ein.

Sogleich rennt der Atheist verwirrt zum Teufel und fragt, was denn das für ein Loch sei? Der Teufel versteht die Frage nicht und so fragt der Atheist nochmals nach dem tiefen Loch mit dem Feuer, den Bestien und den Menschen dort hinten bei den Dünen. »Ach«, meint der Teufel, »das ist für die Christen, die wollen das so!«

Unterhalten sich drei Väter am Stammtisch über ihre *Söhne* und erzählen, was diese denn geleistet hätten.

Der erste: Mein Sohn hat Tankwart gelernt und besitzt jetzt 15 Tankstellen.

Der zweite: Mein Sohn hat Drogist gelernt und hat ein Imperium von 20 Drogerien aufgebaut.

Der dritte: Na ja, ich traue mich gar nicht, darüber zu reden.

Die anderen: Na komm schon. So schlimm kann es doch nicht sein?

Der dritte: Also gut. Mein Sohn ist homosexuell.

Die anderen: Na und, womit verdient er sein Geld?

Der dritte: Na ja, er hat zwei Freunde. Der eine hat 15 Tankstellen und der andere 20 Drogerien.

Zweiter *Weltkrieg*: Die Russen überfallen einen Bauernhof und essen sich so richtig satt. Danach bekommen sie Lust auf Zärtlichkeit und schnappen sich die Bäuerin und die Mägde. Der Bauer sitzt in einer Ecke und weint. Ein Russe, der etwas später hinzukommt, schaut sich um und sieht, dass die Großmutter die einzige Frau ist, die allein herumsitzt. Also geht er zielstrebig zu ihr hin. Der Bauer jammert: »Lasst's doch wenigstens die Großmutter in Ruh!« Da sagt die Großmutter: »Ruhig, Bua! Krieg is Krieg!«

»Lass mich doch auch mal ans *Steuer*, ich bin doch wirklich schon alt genug.« – »Du schon«, erwiderte der Vater. »Aber das Auto noch nicht!«

Im *Himmel*. Es klopft an die Pforte. Petrus steht auf, geht an die Tür und fragt den davor Stehenden: »Wie heißt du, mein Sohn?« Der Mann antwortet: »Ich bin Ernst Meier und bin aus Wiesb…«, und schwupp, weg ist er.
Petrus ist irritiert und kehrt zu seiner Arbeit zurück. Auf einmal klopft es wieder an der Tür, er geht hin, derselbe Mann steht davor. »Ich bin Ernst Meier und bin aus Wiesb…«, schwupp, abermals ist er verschwunden.
Das nächste Mal passiert wieder dasselbe, woraufhin Petrus zu Gott geht. »Sag einmal, was ist denn hier los? Dreimal schon steht ein Typ bei mir vor der Tür und sagt: ›Ich bin Ernst Meier und bin aus Wiesb…‹ und verschwindet wieder.«
Gott: »Ach so, das ist Ernst Meier aus Wiesbaden, der liegt auf der Unfallstation und wird gerade wiederbelebt.«

»Wieso ist der Betrag rot in den Büchern vermerkt, ich dachte, wir sind in den schwarzen Zahlen?«, sagt der Chef zu seinem *Buchhalter*. »Wir haben aber keine schwarze Tinte mehr.« – »Mensch, dann kaufen sie eben welche.« – »Dann sind wir aber wieder in den roten Zahlen!«

In einem abgelegenen Park stehen sich zwei nackte *Statuen* gegenüber, ein Mann und eine Frau. Einige Hundert Jahre, nachdem sie dort so aufgestellt wurden, schwebt ein Engel zu den beiden herunter. Ein Wink von seiner Hand, und plötzlich werden die Statuen zu Fleisch und Blut und steigen von ihren Sockeln.

Der Engel spricht: »Ich wurde gesandt, um euch den Wunsch zu erfüllen, den ihr beide all die Jahrhunderte hegt, in denen ihr euch gegenübergestanden seid, ohne euch bewegen zu können. Aber seid schnell – ihr habt nur fünfzehn Minuten Zeit, bevor ihr wieder zu Statuen werdet.«

Der Mann schaut zur Frau, beide erröten und sie verschwinden kichernd im Unterholz. Lautes Rascheln ist aus dem Gebüsch zu hören, und sieben Minuten später kommen die beiden beglückt zurück zum Engel.

Der Engel lächelt das Paar an: »Das waren nur sieben Minuten – wollt ihr es nicht noch mal tun?« Die einstigen Statuen schauen sich für eine Minute an und dann sagt die Frau: »Warum nicht? Aber diesmal machen wir es anders herum: Du hältst die Taube fest, und ich scheiß drauf!«

»Das Ergebnis ist eindeutig«, sagt der Arzt nach der Untersuchung zu dem Herrn in den Fünfzigern. »Ihrem Gesundheitszustand nach müssen Sie eines aufgeben: *Frauen* oder Wein. Wie werden Sie sich entscheiden?« – »Ich möchte doch lieber von Fall zu Fall entscheiden – dem Jahrgang nach.«

An der Grenze. Ein Mann fährt mit dem *Fahrrad* vor, auf dem Gepäckträger einen Sack.
Zöllner: »Haben Sie etwas zu verzollen?«
Mann: »Nein.«
Zöllner: »Und was haben Sie in dem Sack?«
Mann: »Sand.«
Bei der Kontrolle stellt sich heraus: tatsächlich Sand. Eine ganze Woche lang kommt jeden Tag der Mann mit dem Fahrrad und dem Sack auf dem Gepäckträger. Am achten Tag wird's dem Zöllner doch verdächtig.
Zöllner: »Was haben Sie in dem Sack?«
Mann: »Nur Sand.«
Der Sand wird diesmal gesiebt – Ergebnis: nur Sand. Der Mann kommt weiterhin jeden Tag zur Grenze. Zwei Wochen später wird es dem Grenzer zu bunt und er schickt den Sand ins Labor – Ergebnis: nur Sand. Nach einem weiteren Monat der Sandtransporte hält es der Zöllner nicht mehr aus und fragt den Mann: »Also, ich gebe es Ihnen schriftlich, dass ich nichts verrate, aber Sie schmuggeln doch etwas. Sagen Sie mir bitte, was!«
Der Mann: »Fahrräder!«

»Glauben Sie an ein Leben nach dem Tode?«, fragt der Boss seinen Angestellten. »Ja, natürlich.« – »Aha, dann ist ja alles in Ordnung!«, kommt es zurück, »denn kurz nachdem Sie gestern zum *Begräbnis* Ihrer Großmutter gingen, kam die alte Dame vorbei, um Sie zu besuchen.«

Der Professor doziert vor seinen Studenten: »Also, wenn ein Kind seinem Vater ähnlich sieht, dann ist das eine Sache der *Vererbung* – wenn es aber dem Nachbarn ähnlich sieht, dann sind das Umwelteinflüsse.«

»Sind Sie noch *verlobt*?« – »Nein, schon seit zwei Monaten nicht mehr.« – »Das freut mich aber für Sie – wie sind Sie denn die alte Schraube losgeworden?« – »Ich habe sie geheiratet!«

Der Graf führt den jungen Verwalter auf seinem Landgut herum und zeigt ihm bei dieser Gelegenheit auch eine uralte Eiche: »Kein Mensch weiß, wie alt dieser wundervolle *Baum* ist, man meint, er stehe schon ewig da.« Dann fordert er den Verwalter auf, sich noch selbst umzusehen, während er eine Besprechung mit seiner Frau hat. Nach einiger Zeit kommt der Verwalter zu dem Ehepaar und sagt: »Der Baum ist übrigens 118 Jahre alt!« – »Ja woher wissen Sie denn das?« fragt der Graf höchst interessiert. »Das war ganz einfach, man musste nur die Ringe zählen …!«

Außerdem

Nach der Trauerfeier bittet die junge Witwe das Bestattungsunternehmen, ihr die Urne mit nach Hause zu geben. Zögernd willigt man ein und die Frau geht nach Hause. Dort stellt sie die Urne auf den Küchentisch und holt eine Sanduhr aus dem Schrank. Sie öffnet die Urne, füllt die Asche in die *Sanduhr*, dreht diese herum und spricht, während die Asche durch das Glas rieselt:

»So, Hans-Dieter, ab heute wird gearbeitet ...«

Ein Jäger geht, begleitet von seinem *Dackel*, auf die Jagd. Ein Habicht stürzt herab, fasst den Hund und fliegt mit ihm davon. Der Jäger schießt, trifft den Habicht, der Vogel fällt herunter, der Dackel fliegt weiter. »Nanu«, wundert sich ein Jagdgefährte, »was ist denn mit Ihrem Dackel los?« – »Der ist schon alt, der hat den Schuss überhört!«

»Nach langer Zeit habe ich endlich wieder ein *Lebenszeichen* von meinem Bruder aus Amerika bekommen.« – »Wie geht's ihm denn?« – »Er ist gestorben!«

Eine *Bilanz* sagt zu einer anderen: »Du siehst wirklich hinreißend aus. Kannst du mir sagen, wer dich frisiert hat?«

Im Restaurant. Sie meint zu ihm: »Ich hoffe, es stört Sie nicht beim *Rauchen*, wenn ich weiteresse?« – »Aber nein«, beruhigt sie ihr Nachbar. »Ich kann den Klavierspieler trotzdem gut hören.«

Übrigens gibt es zwei Arten von *Mädchen*: Die einen stricken Pullover, die anderen füllen sie aus!

Der Abteilungsleiter ist versetzt worden. Als er ein letztes Mal durch sein Büro geht, sieht er einen Mitarbeiter sitzen und Geld zählen. »Was ist denn das für Geld?« – »Wir haben alle zusammengelegt, um Ihren *Abschied* zu feiern.« – »Oh, wie nett!«, sagt der Abteilungsleiter gerührt. »Wann steigt denn das Fest?« – »Sobald Sie weg sind!«

»Kann ich morgen freibekommen?«, fragt der Buchhalter den Chef, »meine Frau braucht meine Unterstützung beim *Frühjahrsputz*.« – »Das kommt überhaupt nicht infrage«, schnaubt der Direktor. »Danke«, meint der Buchhalter erleichtert, »ich habe ja gewusst, dass Sie mich nicht im Stich lassen.«

Hektisch kommt der Direktor ins Büro: »Hat es irgendwelche wichtigen *Anrufe* gegeben?«, fragt er. »Ja, eine ganze Menge«, sagt die Sekretärin.« – »Wer?« – »Ach, die waren alle für mich.«

»Ich muss morgen unbedingt freihaben, weil ich zur *Beerdigung* meines Onkels muss«, erklärt der Lehrling dem Chef. Als der Chef am nächsten Tag zum Fußballspiel geht, sitzt dieser Lehrling genau neben ihm. »Ich denke, Sie wollen Ihren Onkel beerdigen?« – »Warten Sie das Ende des Spiels ab. Mein Onkel ist der Schiedsrichter!«

Die Bewerberin um den Posten als *Sekretärin* gibt sich betont sexy. Die Vorzimmerdame schüttelt missbilligend den Kopf und sagt spitz: »Damit haben Sie bei unserem Chef kein Glück, meine Liebe, da hätten Sie lieber Ihren Bruder mitbringen sollen!«

»Es handelt sich um eine *Dauerstellung*«, sagt der Chef zu der blendend aussehenden Bewerberin um den Posten seiner Sekretärin. »Es sei denn, wir machen Pleite oder meine Ehefrau sieht Sie.«

»Können Sie blindschreiben?«, fragt der Personalchef die *Bewerberin*. »Natürlich«, strahlt sie, »mit einem weichen d am Ende.«

Sagt der Chef zu seiner Sekretärin: »Sie großer weißer Vogel.« Wundert sich sein Kompagnon: »Wieso nennst du sie einen großen weißen Vogel?« – »Tja«, meint der Direktor, »wenn ich sie eine *Gans* nenne, bekomme ich Ärger mit der Gewerkschaft!«

Die Verkäuferin rät der Dame: »Diese Armbanduhr ist ein großartiges Geschenk, etwas für *Liebhaber*.« – »Dann kommt sie leider nicht infrage – ich suche nur etwas für meinen Mann.«

»Herr Direktor, Sie behaupten immer, Ihre Geschäfte gingen so schlecht, und nun sitzen Sie hier im *Nobelrestaurant*.« – »Das ist es ja, früher hat es auch immer noch für meine Frau gereicht.«

Auf dem *Polizeirevier* meldet eine Frau ihren Mann als vermisst und beschreibt ihn so: »29 Jahre alt, 1,90 Meter groß, gut aussehend und gesund.« – »Ich kenne aber Ihren Mann«, sagt der Polizist. »Er ist 48, bleich und untersetzt.« – »Stimmt, aber wer will schon so einen zurück?«

Erzählt das schon etwas ältere Fräulein im Büro: »Wir drehen das *Radio* immer leiser, damit die Nachbarn nichts hören.« Meint ihre junge Kollegin errötend: »Wir stellen es immer lauter, damit die Nachbarn nichts hören.«

Ein *Bettler* bittet in einem Geschäft um eine milde Gabe. »Warten Sie bitte einen Moment, bis ich mit der Abrechnung fertig bin«, sagt der Inhaber, »vielleicht komme ich dann gleich mit Ihnen.«

»Verzeihung, haben Sie hier irgendwo in der Nähe einen *Polizisten* gesehen?« – »Nein, weit und breit nicht.« – »Na, dann Hände hoch und her mit Ihrer Brieftasche!«

»Na, hat Ihnen das Christkind zu *Weihnachten* etwas Schönes beschert?« – »Danke, ich bin zufrieden, mein Freund hat mir ein Buch zurückgebracht, das er vor langer Zeit borgte, mein silbernes Taschenmesser fand sich in einer alten Hose, und meine Tante ist krank und konnte mich nicht besuchen.«

Zwei Freunde treffen sich und der eine isst *Apfelkerne*. Der andere fragt: »Was isst du denn da?« Sagt der eine: »Das siehst du doch, dass ich Apfelkerne esse.« – »Ja, aber warum isst du sie?« – »Das ist doch bekannt, dass man von Apfelkernen gescheit wird. Willst du kosten? Ich gebe dir zehn Apfelkerne für zwei Euro.« Der andere nimmt die zehn Kerne und bezahlt zwei Euro dafür. Während er die Kerne isst, sagt er: »Eigentlich hätte ich für zwei Euro ein ganzes Kilo Äpfel kaufen können.« Sagt der andere: »Siehst du, es wirkt schon!«

»Ganz sicher wird der Film ein Erfolg«, sagt der Regisseur zu seiner hübschen weiblichen Neuentdeckung. »Und du bekommst einen *Oscar*.« – »Und wenn's ein Mädchen wird?«

»Wie war der *Zirkus*?« – »Nicht schlecht, nur der Messerwerfer war langweilig, er hat das Mädchen nicht ein einziges Mal getroffen.«

Ein *jüdischer Stotterer* kommt aus dem Funkhaus und trifft einen Freund. Freund: »Wo kommst du denn her?« Stotterer: »I-i-i-ich k-komme aus d-dem Funkhaus.« Freund: »Ja, was hast du da gemacht?« Stotterer: »D-da d-da hab ich m-mich vorgestellt.« Freund: »So, so – und als was?« Stotterer: »Als Na-na-nachrichtensprecher.« Freund: »Na und, hat man dich genommen?« Stotterer: »N-n-nee, nee, al-le-les A-a-nti-i-se-e-mi-t-ten!«

»Meine Damen und Herren«, meldet sich der Kapitän des Jumbos aus dem Cockpit, »ich habe eine gute und eine schlechte Nachricht für Sie. Zuerst die schlechte: Wir haben einen *Flugzeugentführer* an Bord und sind in seiner Gewalt. Nun die gute: Er will nach Hawaii.«

»Meine Damen und Herren, Sie sahen den *Wetterbericht*. Wir möchten Sie noch darauf hinweisen, dass jede Ähnlichkeit mit tatsächlichen Begebenheiten rein zufällig wäre!«

Interview mit dem Nachwuchs*schriftsteller*: »An welche Lesergruppe wenden Sie sich mit Ihrem ersten Werk?« – »Ich will hier keinen Namen nennen.«

Wolfi trifft Gerri. »Du schaust aber grantig«, sagt Gerri. »Das ist doch verständlich. Vor drei Wochen ist mein Onkel gestorben. Er hat mir 10.000 Euro vermacht«, meint Wolfi. »Ja und?« – »Vor 14 Tagen ist meine Tante gestorben, die hat mir ihr *Reihenhaus* vererbt«, sagt Wolfi. »Du hast aber Glück. Da brauchst du doch nicht so grantig zu schauen!«, sagt Gerri. »Das meinst du«, schimpft Wolfi, »in dieser Woche rührt sich aber überhaupt nix.«

Da war noch der 94-Jährige im Altersheim, der eines Morgens mutwillig einen *Spiegel* zerdepperte und sich diebisch freute, dass ihn nun Pech erwartete – volle sieben Jahre lang.

»Sie können heute das Gemälde zum halben Katalog-preis kaufen«, sagt der *Kunsthändler*. »In Ordnung«, sagt der Kunde, »was kostet der Katalog?«

An der Hotelrezeption klingelt das Telefon. »Bitte, wann macht denn die *Hotelbar* auf?«, lallt eine Stimme. »Aber, mein Herr, es ist 11.00 Uhr mit-tags«, sagt der Empfangschef tadelnd und legt kopf-schüttelnd auf. Kaum eine Stunde später klingelt es wieder. »Bitte, wann macht die Hotelbar endlich auf?«, lallt es wieder. Und wieder vertröstet der Empfangschef. Eine Stunde später derselbe Anruf. »Aber, mein Herr«, fasst sich der Mann an der Re-zeption ein Herz, »in Ihrem Zustand würde ich ohnedies nicht in die Bar hineingehen.« – »Was heißt hinein«, lallt der Anrufer, »ich will endlich raus!«

Ein Ehepaar sitzt beim Frühstück. Sie: »Ich wette, du weißt nicht, was für ein Tag heute ist.« Er ant-wortet nur: »Natürlich weiß ich das«, und verzieht sich ins Büro. Um 11.00 Uhr kommt ein Strauß Blu-men von Fleurop zu Hause an, gegen 12.30 Uhr eine große Schachtel Pralinen, und als ob das nicht ge-nug wäre, um 15.00 Uhr ein sündteures Kleid von ei-nem Edeldesigner. Natürlich ist die Frau überglück-lich und ruft ihren Gatten bei der Arbeit an: »Lieb-ling, ich bin dir so dankbar! Ich hatte noch nie einen so schönen *Siebenschläfertag* in meinem ganzen Le-ben!«

Der *Besuch* geht und geht nicht. Endlich verabschieden sich die Gäste mit den Worten: »Hoffentlich haben wir Sie nicht über Gebühr aufgehalten.« – »Keineswegs, um diese Zeit stehen wir ohnehin immer auf.«

Witze, die kleine Kinder lustig finden

Sie müssen davon ausgehen, dass Kinder ganz anders denken als Erwachsene, sie finden andere Dinge lustig, andere Filme schön, ihnen schmecken andere Speisen. Und das alles verändert sich auch noch von Jahr zu Jahr – man hat's nicht leicht.

Mit den folgenden Witzen habe ich bei Kindern unter zehn Jahren stets einen Lacherfolg gehabt:

Warum haben *Elefanten* rote Augen?
Damit man sie nicht sieht, wenn sie sich in einem Kirschbaum verstecken!
Habt ihr schon mal einen Elefanten in einem Kirschbaum gesehen? Na seht ihr, wie gut die Tarnung wirkt!

Fritzchen saust mit seinem alten *Fahrrad* durch die Innenstadt. Ein Polizist will ihn aufhalten und schreit: »Halt! Kein Licht, keine Klingel …!!!« Darauf Fritzchen: »Aus dem Weg, auch keine Bremse!!«

Zwei *Eier* unterhalten sich im Kochtopf. Das eine: »Verdammt heiß hier!« Das andere: »Das macht nichts. Davon wird man hart!«

Steht ein Kinderwagen vor einem Supermarkt. Beugt sich ein Mann zu dem *Baby* und sagt: »Ah, gutschi, gutschi, gutschi!« Sagt das Baby: »Was ist, kannst nicht deutsch?«

Wann sagt ein *Chinese* »Guten Tag«? – Wenn er deutsch spricht.

Gehen zwei Nullen spazieren! Kommt ihnen eine Acht entgegen. Sagt die eine *Null* zur anderen: »Hast du die gesehen? So heiß und die hat einen Gürtel an.«

Zwei *Luftballone* fliegen durch die Wüste, sagt der eine: »Vorsicht ein Kaktussssssssss!« Erwidert der andere: »Danke für den Hinweisssssssss!«

Ich habe fünf *Schwestern*. Die heißen alle Brigitta, außer Ingrid – die heißt Roswitha.

Laufen zwei auf einer Brücke, sagt der eine: »Lass mich auch mal in der *Mitte* laufen!«

Herr *Niemand* und Herr Keiner sitzen auf einem Baum. Darunter sitzt Herr Blöd. Plötzlich spuckt Herr Niemand auf den Kopf von Herrn Blöd. Empört geht Herr Blöd zur Polizei und beschwert sich: »Niemand hat mir auf den Kopf gespuckt, Keiner hat's gesehen!« Der Polizist erwidert: »Sind Sie blöd?« – »Ja, woher wissen Sie das?«

Auf dem Tisch liegt ein aufgegessenes *Brötchen*!

Was ergibt drei Mal *sieben*?
Ganz feinen Sand!

Gehen zwei Betrunkene durch den Wald. Plötzlich zeigt einer auf den Boden und sagt: »Schau, Marmelade!« Sagt der andere: »Nein, das sind Himbeeren!« Der erste: »Nein, Marmelade!« Der zweite: »Nein, Himbeeren!« Also schlägt der erste vor zu kosten und sagt dann: »Wusste ich's doch, Marmelade!« Der zweite: »Nein, eindeutig Himbeeren!« – »Also kosten wir noch einmal!« Und wieder: »Marmelade!«, »Nein, Himbeeren!« Da kommt ein Priester vorbei. Fragt der eine: »Hochwürden, bitte sagen Sie uns, was das hier ist, Himbeeren oder Marmelade?« Der Priester: »Das ist *Hundekot*!« Meint der erste: »Gut, dass wir nicht reingetreten sind!«

Ein fünfjähriges Mädchen trägt ein hübsches Kleid und geht mit seiner Großmutter spazieren: »Omi, ich schlage jetzt Rad!« – »Aber nein, das geht doch nicht, da sieht man doch dein *Höschen*!« Kurze Zeit später: »Omi, ich schlage jetzt Rad!« Die Oma wieder: »Aber nein, da sieht man doch dein Höschen!« Abermals etwas später: »Omi, ich habe jetzt ein Rad geschlagen!« – »Aber geh, da hat man doch dein Höschen gesehen!« – »Nein, das habe ich vorher ausgezogen!«

Für Vorträge

Wenn Sie bei Vorträgen ein bisschen Zeit schinden müssen, weil etwa der nächste Programmpunkt noch nicht vorbereitet ist, Sie aber nicht langweilen wollen, dann studieren Sie das nächste Kapitel. Ich habe einige dieser Storys als E-Mail erhalten. Auch Sie können auf diesem Weg Ihre Kollegen erheitern.

Ich gebe alle so wieder, wie ich sie kennengelernt habe, Sie können sie umschreiben, kürzen, wie es in Ihr Programm passt!

Wahre Geschichte: Ein Mann aus Charlotte (North Carolina) hatte eine Kiste seltener und sehr teurer *Zigarren* gekauft. Nach dem Kauf versicherte er sein neues Eigentum gegen allerlei Fährnisse, unter anderem auch gegen Feuer. Innerhalb eines Monates rauchte er dann die 24 Zigarren enthaltende Kiste leer. Anschließend sandte er an die *Versicherung* eine Forderung über Auszahlung der Versicherungssumme, da seine Zigarren »in einer Reihe kleiner Feuer« verbrannt seien. Die Versicherung lehnte die Zahlung natürlich ab und verwies darauf, dass die Zigarren ihrer Bestimmung gemäß verbraucht worden seien. Der Mann klagte und bekam recht. Der Richter gab in seiner Urteilsbegründung zwar der

Versicherung recht, dass diese Forderung eigentlich unbillig sei; doch habe die Versicherung nun einmal einen Vertrag über eine Feuerversicherung von Zigarren abgeschlossen und dabei versäumt, irgendeine Art von Feuer von der Leistung auszuschließen und müsste somit für die Versicherungssumme stehen. Die Versicherung ging nicht in die Berufung, sondern zahlte dem Kläger 15.000 Dollar aus. Sobald der Mann diese Summe abgehoben hatte, verklagte ihn die Versicherungsgesellschaft wegen 24 Fällen von vorsätzlicher Brandstiftung. Unter Hinzuziehung seiner eigenen Forderung an die Versicherung und seiner Aussagen aus dem ersten Prozess wurde ihm nachgewiesen, »in 24 Fällen vorsätzlich sein versichertes Eigentum in Brand gesteckt zu haben« und er wurde zu einer 24-monatigen Gefängnisstrafe und zusätzlich zu 24.000 Dollar Geldstrafe verurteilt!

Stoßseufzer eines *Vorgesetzten*: »Kommt man morgens zu spät, ist man ein schlechtes Vorbild; kommt man pünktlich, ist man ein Aufpasser. Ist man zu seinen Mitarbeitern freundlich, will man sich anbiedern; ist man zurückhaltend, gilt man als hochnäsig. Kümmert man sich um die Arbeit seiner Leute, ist man ein Schnüffler; tut man es nicht, hat man von der Sache überhaupt keine Ahnung. Geht man oft zum Chef, ist man ein Radfahrer; geht man selten, traut man sich nicht. Hält man Konferenzen ab, ist man ein Schwätzer; hält man keine ab, ist man ein ›Mann der einsamen Beschlüsse‹. Ist man schon etwas älter, gilt man als verkalkt; ist man noch jung, fehlt die Erfahrung des Alters. Bleibt man abends länger, markiert man den Überbeschäftigten; geht man pünktlich, fehlt das Firmeninteresse. Stimmt man sich mit seinen Kollegen ab, ist man ein Rückversicherer; tut man es nicht, ist man ein Eigenbrötler. Trifft man schnelle Entscheidungen, ist man oberflächlich; lässt man sich Zeit, mangelt es an Entschlusskraft. Nimmt man Urlaub, nutzt man seine Stellung aus; nimmt man keinen, fürchtet man um seine Stellung. Ist man sehr genau, gilt man als pingelig; ist man es nicht, lässt man die Zügel schleifen. Hat man neue Ideen, ist man ein Phantast; bleibt man beim Alten, ist man rückständig Delegiert man viel, spielt man den Generaldirektor; delegiert man nichts, spielt man den Unersetzlichen. Ja ja … so ist das! Schlecht hat man es als Vorgesetzter! Das musste doch auch einmal gesagt werden, oder?«

Bei einer Computermesse hat *Bill Gates* die Computerindustrie mit der Autoindustrie verglichen und das folgende Statement abgegeben: »Wenn General Motors (GM) mit der Technologie so mitgehalten hätte wie die Computerindustrie, dann würden wir heute alle 25-Dollar-Autos fahren, die 1.000 Meilen/Gallone Sprit fahren würden.«
Als Antwort darauf veröffentlichte General Motors (Mr. Welch persönlich) eine Presse-Erklärung mit

folgendem Inhalt: Wenn GM eine Technologie wie MS entwickelt hätte, dann würden wir heute alle Autos mit folgenden Eigenschaften fahren:

1) Ihr Auto würde ohne erkennbaren Grund zweimal am Tag einen Unfall haben.

2) Jedes Mal, wenn die Linien auf der Straße neu gezeichnet werden, müsste man ein neues Auto kaufen.

3) Gelegentlich würde ein Auto ohne erkennbaren Grund auf der Autobahn einfach ausgehen und man würde das einfach akzeptieren, neu starten und weiterfahren.

4) Wenn man bestimmte Manöver durchführt, wie z. B. eine Linkskurve, würde das Auto einfach ausgehen und sich weigern neu zu starten. Man müsste dann den Motor neu installieren.

5) Man kann nur alleine in dem Auto sitzen, es sei denn, man kauft »Car95« oder »CarNT«. Aber dann müsste man jeden Sitz einzeln bezahlen.

6) Macintosh würde Autos herstellen, die mit Sonnenenergie fahren, zuverlässig laufen, fünfmal so schnell und zweimal so leicht zu fahren sind, aber dafür nur auf 5 Prozent aller Straßen fahren.

7) Die Öl-Kontroll-Leuchte, die Warnlampen für Temperatur und Batterie würden durch eine »Genereller Auto Fehler«-Warnlampe ersetzt.

8) Neue Sitze würden erfordern, dass alle dieselbe Gesäß-Größe haben.

9) Das Airbag System würde fragen: »Sind Sie sicher?«, bevor es auslöst.

10) Gelegentlich würde das Auto Sie ohne erkennbaren Grund aussperren. Sie können nur mit einem Trick wieder aufschließen, und zwar müsste man gleichzeitig den Türgriff ziehen, den Schlüssel drehen und mit einer Hand an die Radio-Antenne fassen.

11) General Motors würde Sie zwingen, mit jedem Auto einen Deluxe-Kartensatz der Firma Rand-McNally (seit neuestem eine GM-Tochter) mit zu kaufen, auch wenn Sie diesen Kartensatz nicht brauchen oder möchten. Wenn Sie diese Option nicht wahrnehmen, würde das Auto sofort 50 Prozent langsamer werden (oder schlimmer). Darüber hinaus würde GM deswegen ein Ziel von Untersuchungen der Justiz.

12) Immer dann, wenn ein neues Auto von GM hergestellt werden würde, müssten alle Autofahrer das Autofahren neu erlernen, weil keiner der Bedienhebel genau so funktionieren würde, wie in den alten Autos.

13) Man müsste den »Start«-Knopf drücken, um den Motor auszuschalten.

Vielleicht zum ersten *Hochzeitstag* ins Billet: Gespräch zwischen Mann und Frau vor der Hochzeit.
Er: »Na endlich, ich habe schon so lange gewartet!«
Sie: »Möchtest du, dass ich gehe?«
Er: »Nein! Wie kommst du darauf? Schon die Vorstellung ist schrecklich für mich!«
Sie: »Liebst du mich?«

Er: »Natürlich! Zu jeder Tages- und Nachtzeit!«
Sie: »Hast du mich jemals betrogen?«
Er: »Nein! Niemals! Warum fragst du das?«
Sie: »Willst du mich küssen?«
Er: »Ja, jedes Mal, wenn ich Gelegenheit dazu habe!«
Sie: »Würdest du mich jemals schlagen?«
Er: »Bist du wahnsinnig? Du weißt doch, wie ich bin!«
Sie: »Kann ich dir voll vertrauen?«
Er: »Ja.«
Sie: »Mein Schatzi!«
Sieben Jahre nach der Hochzeit:
Text einfach nur von unten nach oben lesen!

Die UNO hat eine weltweite *Umfrage* durchgeführt.
Die Frage lautete: »Geben Sie uns bitte ihre ehrliche
Meinung zur Lösung der Nahrungs-Knappheit im
Rest der Welt ab.« Die Umfrage stellte sich, nicht
unerwartet, als Riesenflop heraus:
In Afrika wussten die Teilnehmer nicht, was »Nah-
rung« ist.
Osteuropa wusste nicht, was »ehrlich« heißt.
Westeuropa kannte das Wort »Knappheit« nicht.
Die Chinesen wussten nicht, was »Meinung« ist.
Der Nahe Osten fragte nach, was denn »Lösung« be-
deute.
Südamerika kannte den Sinn des Wortes »bitte«
nicht.
In den USA wusste niemand, was der »Rest der
Welt« ist.

Brief eines *Rekruten* vom Lande (Kärnten):

»Liebe Mutter, lieber Vater!

Mir geht's gut. Ich hoffe Euch, Annemarie, Klaus, Karl, Willi, Sigrid, Peter und Hans auch. Sagt Karl und Willi, dass beim Heer sein jede Landarbeit um Längen schlägt. Sie sollen sich schnell verpflichten, bevor alle Plätze voll sind. Zuerst war ich sehr unruhig, weil man bis fast um 6.00 Uhr im Bett bleiben muss, aber nun gefällt mir das mit dem lange Ausschlafen. Sagt Karl und Willi, man muss nur sein Bett richten und ein paar Sachen vor dem Frühstück polieren. Keine Tiere füttern, kein Feuer machen, keinen Stall sauber machen oder Holz hacken … praktisch gar nichts. Die Männer müssen sich rasieren, aber das ist nicht so schlimm, es gibt nämlich warmes Wasser. Das Frühstück ist ein bisschen komisch, mit jeder Menge Saft, Getreide, Eier, aber dafür fehlt völlig Kartoffeln, Schinken, Steaks und das andere normale Zeug, aber sagt Karl und Willi, man kann immer neben irgendwelchen Städtern sitzen, die nur Kaffee trinken und das Essen von denen mit deinem eigenen hält dann bis zum Mittag, wenn es wieder was zu essen gibt. Es wundert mich nicht, dass die Jungs aus der Stadt nicht weit laufen können. Wir gehen viel auf ›Überlandmärsche‹, von denen der Vizeleutnant sagt, dass langes Laufen gut ist für die Abhärtung. Na ja, wenn er das glaubt, als Rekrut kann ich da nichts gegen sagen. Ein ›Überlandmarsch‹ ist ungefähr so weit wie bei uns zum Postamt, aber wenn wir da sind, haben die Städter wunde Füße und wir fahren alle in Lkws zurück. Die Landschaft hier im Burgenland ist schön, aber fast ganz flach. Der Vizeleutnant ist wie unser Lehrer. Er nörgelt immer. Der Hauptmann ist wie der Bürgermeister. Majore und Oberste fahren viel in Autos und gucken komisch, aber sie lassen einen völlig in Ruhe. Und jetzt das Beste. Das wird Karl und Willi umbringen vor Lachen: Ich kriege Auszeichnungen fürs Schießen! Ich weiß nicht warum. Das Schwarze ist viel größer als ein Rattenkopf und bewegt sich nicht mal und es schießt auch nicht zurück, wie die Laubrunner Brüder mit dem Luftgewehr. Alles, was du machen musst, ist, dich bequem hinlegen und es treffen. Man muss nicht mal seine eigenen Patronen machen. Sie haben sie schon fertig in Kisten. Dann gibt's noch ›Nahkampfausbildung‹. Du kannst mit den Städtern ringen. Aber ich muss sehr vorsichtig sein, die gehen leicht kaputt. Ist viel leichter, als den Stier zu bändigen. Ich bin am besten darin, außer gegen den Voller Sepp, der hat genau am gleichen Tag angefangen wie ich, aber ich hab nur einmal gegen ihn gewonnen. Das wird daran liegen, dass ich mit meinen 65 Kilos nur 1,70 Meter bin und er mit seinen 2 Metern und 120 Kilos ist halt schwerer. Vergesst nicht, Karl und Willi schnell Bescheid zu sagen, bevor andere mitkriegen, wie das hier läuft, und uns die Bude einrennen.

Alles Liebe,
Eure Tochter Maria«

Intelligenztest: Wie bekommt man eine *Giraffe* in den Kühlschrank?

Tür auf, Giraffe rein, Tür zu.

Wie bekommt man einen *Elefanten* in den Kühlschrank?

Ganz einfach: Tür auf, Giraffe raus, Elefant rein, Tür zu.

Der König der Tiere, der *Löwe*, ruft alle Tiere zu einer Konferenz zusammen. Nur eines fehlt, welches?

Na der Elefant, der sitzt ja im Kühlschrank.

Und wie kommt man über einen Fluss, in dem lauter *Krokodile* leben?

Man schwimmt einfach rüber, denn die Krokodile sind ja alle bei der Konferenz der Tiere!!!

Stichwortverzeichnis

Stichwortverzeichnis